DER WEGWEISER ZU DEN WEISHEITSHÜTERN:

DIE 64 GESICHTER DES ERWACHENS
BEGLEITBUCH ZUM WEISHEITSHÜTER-KARTENDECK

Blicke in die Gesichter der **Weisheitshüter** *und Du wirst Dich von ihren mitfühlenden und liebevollen Augen gesehen und unterstützt fühlen.*

Geschrieben von **Dr. Rosy Aronson**
Übersetzt von **Beate Brandt**

Die 64 Gesichter des Erwachens
Der Wegweiser zu den Weisheitshütern
Text und Bildmaterial © Rosy Aronson

Die amerikanische Originalausgabe erschien 2015 unter dem Titel „The Wisdom Keepers Inner Guidebook: The 64 Faces of Awakening" bei Seal Pup Press, Berkeley.

Alle Rechte vorbehalten. Die Vervielfältigung und/oder (digitale) Speicherung von Teilen dieses Buchs und des zugehörigen Kartendecks beziehungsweise deren Veröffentlichung durch Druck, Mikrofilm, Bildaufnahmen oder auf sonstige Weise, sei es chemisch, elektronisch oder mechanisch, bedarf stets der vorherigen schriftlichen Genehmigung der Autorin. Dieses Buch soll als spirituelle und emotionale Orientierungshilfe dienen. Es kann weder medizinische noch psychologische Behandlungen ersetzen.

Seal Pup Press
PO Box 138
Berkeley, CA 94701
sealpuppress.com

ISBN: 978-1-7345848-1-3. Erste Ausgabe: November 2015

Text- und Bildmaterial: Rosy Aronson
Deck-Design: Kim und Rosy Aronson
Übersetzung: Beate Brandt
Lektorat, Herausgabe und Beratung (Originalausgabe): Ann Cameron, *AC Creative*
Redaktionelle und Designberatung (Originalausgabe): Colette de Gagnier, *Mystic Alchemy Design*
Redaktionelle Unterstützung (Originalausgabe): Evelyn und Marilee Aronson
Schlüsselworte und Konzepte des Bewusstseinsspektrums aus Richard Rudds *The Gene Keys*, Gene Keys Publishing © 2009

WisdomKeepers.net

Auch wenn einige *Weisheitshüter* Personen ähneln mögen, die Dir bekannt sind, wurden die *Weisheitshüter* und ihre Geschichten geschaffen, um bestimmte Archetypen und transformative Themen widerzuspiegeln, ohne dass dabei Bezug auf tatsächliche Menschen, Figuren, Orte oder Ereignisse genommen wird.

Gewidmet dem ***Weisheitshüter*** in Dir...

LIBELLENFLÜGEL

*Libelle mit schillernd klaren Flügeln
komm näher, lass mich sehen
deine Andeutung von Unsterblichkeit,
verkörpert in diesem schlanken Rahmen
kunstvoll schimmernden Flirrens*

*kleine Existenz am Rande des Wassers
flügellose gebürdet, farblos,
an die Erde gebunden, entwertet
durch dermaßen primitive Umstände
hast du in tiefen Schatten gewartet*

*Aufgestiegen, neu, im wonnigen Flug
reist du jetzt in sechs Richtungen
und siehst die Erde aus Höhen
die du einst nicht wahrnehmen konntest
Libelle, du bist ich, ich bin du*

*Aalst dich im sommerlichen Sonnenlicht
zierst zeitlose glatte Felsen
mit solch seidiger, reichlicher Schönheit
Libelle lehre mich, derweil ich schaue
eine Verwandlung am frühen Morgen*

~ La Belle Rouge Rouge
Übersetzung: Timo Brandt

DAS MENSCHLICHE ANTLITZ

*Unendliches schreibt Geschichten
auf die Konturen des Gesichts;
die endgültige Wirklichkeit scheint aus
den lebenden Spiegeln hervor.
Die Suchenden müssen nur ihren Blick
auf dieses heilige Antlitz richten.
Verlorenen in Offenbarungen,
versunken in lebendigem Licht,
verschwindet alles „Andere", wenn/derweil wir allein atmen…
Gemeinsam
von Angesicht zu Angesicht
mit dem Geheimnis.*

~ Tanmayo Lawson / Übersetzung: Timo Brandt
www.premtanmayo.com

INHALTSVERZEICHNIS

Einleitung	10
Das menschliche Gesicht	11
Der Kreative Prozess	12
Wie die Geschichten entstanden	13
64	15
Die Genschlüssel	16
Wie man mit den *Weisheitshütern* arbeitet	23
Die Botschaften der Weisheitshüter	27
Eins ~ Frische	28
Zwei ~ Ausrichtung	32
Drei ~ Innovation	36
Vier ~ Verständnis	40
Fünf ~ Geduld	44
Sechs ~ Diplomatie	48
Sieben ~ Anleitung	52
Acht ~ Stil	56
Neun ~ Entschlossenheit	60
Zehn ~ Natürlichkeit	64
Elf ~ Idealismus	68
Zwölf ~ Unterscheidung	72
Dreizehn ~ Urteilsvermögen	76
Vierzehn ~ Kompetenz	80
Fünfzehn ~ Magnetismus	84
Sechzehn ~ Vielseitigkeit	88
Siebzehn ~ Weitsichtigkeit	92
Achtzehn ~ Integrität	96
Neunzehn ~ Feinfühligkeit	100
Zwanzig ~ Selbstsicherheit	104
Einundzwanzig ~ Autorität	108
Zweiundzwanzig ~ Güte	112
Dreiundzwanzig ~ Einfachheit	116

Vierundzwanzig ~ Erfindung	120
Fünfundzwanzig ~ Annahme	124
Sechsundzwanzig ~ Raffinesse	128
Siebenundzwanzig ~ Nächstenliebe	132
Achtundzwanzig ~ Totalität	136
Neunundzwanzig ~ Verbindlichkeit	140
Dreißig ~ Leichtigkeit	144
Einunddreißig ~ Führerschaft	148
Zweiunddreißig ~ Bewahrung	152
Dreiunddreißig ~ Achtsamkeit	156
Vierunddreißig ~ Stärke	160
Fünfunddreißig ~ Abenteuer	164
Sechsunddreißig ~ Mitmenschlichkeit	168
Siebenunddreißig ~ Gleichwertigkeit	172
Achtunddreißig ~ Ausdauer	176
Neununddreißig ~ Tatendrang	180
Vierzig ~ Entschlossenheit	184
Einundvierzig ~ Antizipation	188
Zweiundvierzig ~ Losgelöstheit	192
Dreiundvierzig ~ Einsicht	196
Vierundvierzig ~ Teamwork	200
Fünfundvierzig ~ Zusammenspiel	204
Sechsundvierzig ~ Freude	208
Siebenundvierzig ~ Verwandlung	212
Achtundvierzig ~ Einfallsreichtum	216
Neunundvierzig ~ Revolution	220
Fünfzig ~ Gleichgewicht	224
Einundfünfzig ~ Initiative	228
Zweiundfünfzig ~ Zurückhaltung	232
Dreiundfünfzig ~ Expansion	236
Vierundfünfzig ~ Bestreben	240
Fünfundfünfzig ~ Freiheit	244
Sechsundfünfzig ~ Bereicherung	248

Siebenundfünfzig ~ Intuition	252
Achtundfünfzig ~ Lebensfreude	256
Neunundfünfzig ~ Intimität	260
Sechzig ~ Realismus	264
Einundsechzig ~ Inspiration	268
Zweiundsechzig ~ Präzision	272
Dreiundsechzig ~ Erkundung	276
Vierundsechzig ~ Vorstellungskraft	280
Fünfundsechzig ~ DU!	284
Kartenlegesysteme und Deutungsvorschläge	287
Legung zum Aufbau einer bewussten Beziehung zu einem Weisheitshüter	288
Weisheitshüter-Tonglen	289
Tageskarte für Führung und Kontemplation	290
Lebensblumelegung (BLOSSOM)	291
Beziehungslegung	292
Familien- oder Gruppenlegung	293
Stammbaumlegung	294
Kreative Traumlegung	294
Legung für eine bestimmte Herausforderung Integritätslegung	295
9-zentrige Chakralegung	295
Erkunden Deines einzigartigen Designs mithilfe der Genschlüssel	296
Weiterführende Ressourcen	297
Hinweis zum Farbcode	297
Abschlusswort	298
Ein besonderer Dank	299
Über die Autorin/Künstlerin	300

ES BRAUCHT EIN GANZES DORF!

Ich möchte an dieser Stelle allen Freundinnen und Freunden, Familienmitgliedern, Klientinnen und Klienten, Teilnehmerinnen an den *Designed to Blossom*-Workshops und Mitgliedern der *Gene Keys* Community danken, die mich beim Verfolgen und Verwirklichen dieser Herzensangelegenheit unterstützt haben.

Mein besonderer Dank gilt all jenen, die eine zentrale, einzigartige oder katalytische Rolle bei der Geburt des *Weisheitshüter*-Kartendecks gespielt haben: Richard Rudd, Ann Cameron, Colette de Gagnier-Rettner, Simant und Patty Herkins, William Sebrans, Elijah Parker, Eve Chan, Stephen Wong, Pam DeLeo, Jan Collins, Teresa Collins, Cyndi Silva, Jenny Karns, Rona Renner, Gina Rose, Mark Fromm, Mbali Creazzo, Sreed Vijayarangam, Rebecca Fisk, Prem Tanmayo, Olaf Schäfer, Elitsa Stoichkova, Jessica Hadari, Susan Strasburger, Jan Camp, Joell Jones, Kerane Marie Lomonaco, Valerie, Brendan, Zoe und Ella Creane, Rachel, Owen, Zev und Jacob Walker, Beth, Brian, Elianna und Audrey Washington-Deane, Ruby Arzt, Karin von Daler, Mireya Alejo, Karen Clothier, *Binah Zing*, *Aunt Sarah*, *Grandpa Sam*, *Grandma Jewel*, *Ra Uru Hu*, meiner biologischen Seelenschwester und kreativen „Geburtshelferin" Marilee, meinen wunderbaren Eltern und Lektoren Neil und Evy, meiner geduldigen wundervollen Tochter Maya, die so weise für ihr Alter ist, und meinem geliebten Kreativ- und Lebenspartner Kim, der entscheidend zu diesem Deck (und meiner Gelassenheit!) beigetragen hat.

Und natürlich danke ich den *Weisheitshüter* selbst, die zu einer Zeit zu mir (und in diese Welt) gefunden haben, in der sie dringend benötigt werden.

EINLEITUNG

Wir leben in paradoxen Zeiten – Zeiten tiefen Leids und zugleich großer Hoffnungen. Mehr denn je hängt das Überleben der Menschheit von der Fähigkeit ab, unsere Unterschiede wertzuschätzen und zugleich anzuerkennen, dass wir trotz aller Verschiedenheit zutiefst miteinander verbunden sind.

Meine Absicht hinter den *64 Gesichtern des Erwachens* besteht darin, die Weltseele – die wundersame Vielfalt des EINEN – zu neuem Leben zu erwecken, sie sichtbar zu machen und zu feiern. Ich möchte die Einzigartigkeit jedes Einzelnen und seiner Geschichte zeigen und zugleich ein tiefes Eintauchen in ein universelles Erleben ermöglichen, bei dem die Grenzen zwischen uns und anderen verschwimmen.

Die Gesichter der *Weisheitshüter* verkörpern die Art von Frieden, Liebe und Verständnis, die ich gerne in der Welt und in mir selbst sehen möchte. Sie stehen für althergebrachte ebenso wie für neuere menschliche Archetypen, die uns mit unserer gemeinsamen Evolution und unseren eigenen Wurzeln verbinden. Da viele der *Weisheitshüter* zu den Ältesten zählen, war es mir bei diesem Projekt auch eine Herzensangelegenheit, die Weisheit und Ausstrahlung einer Altersgruppe zu ehren und zu feiern, die in unserer auf Jugend fixierten Kultur allzu oft nicht gesehen, wertgeschätzt und einbezogen wird.

DAS MENSCHLICHE GESICHT

Wohl nirgendwo anders lassen sich unsere Emotionen so deutlich ablesen wie an unserem Gesicht. Es ist eine dynamische Leinwand und einer der wichtigsten Kanäle für nonverbale Kommunikation. Vom Moment unserer Geburt an beobachten, spiegeln und lesen wir die Gesichter der Menschen um uns herum. Wir suchen nach Anhaltspunkten, um ihre Gefühle zu verstehen und einschätzen zu können, ob wir geliebt werden und einen sicheren Platz in der Welt haben.

Die menschliche Fähigkeit gesunde Bindungen einzugehen, wird stark von den Gesichtern unserer ersten Kontaktpersonen geprägt. Studien haben gezeigt, dass Babys entspannt sind und gedeihen, wenn die Gesichter ihrer Bezugspersonen Empathie zeigen. Werden sie hingegen mit neutralen oder „negativen" Gesichtsausdrücken konfrontiert, leiden sie stärker unter emotionalen Störungen und haben im späteren Leben häufig Probleme, gesunde Beziehungen zu anderen einzugehen.

Wir Menschen sind aber auch extrem widerstandsfähig. Wir haben das Potenzial, alte Wunden durch den Aufbau neuer liebevoller Beziehungen zu heilen. Schon ein Blick in ein Gesicht, das Liebe und Akzeptanz ausstrahlt, kann einen bleibenden Einfluss darauf haben, wie wir uns selbst sehen und erleben – und auf unsere Fähigkeit Liebe zu geben und zu empfangen.

Das menschliche Gesicht transportiert auch tiefere Bewusstseinszustände. Wenn wir lange genug in die Augen eines wahrhaft präsenten Wesens blicken, bekommen wir einen Zugang zu unserem eigenen inneren Strahlen und unserer Lebendigkeit.

Die *64 Gesichter des Erwachens* sind hier, um Dein Potenzial zu zeigen, Deine Schönheit zu spiegeln und Deine Liebe zu empfangen. Lass Dich auf jedes Gesicht so ein, als handele es sich um einen Freund, eine Großmutter, einen Mentor, eine Geliebte oder einen weisen Führer. Blicke entspannt in ihre gütigen Augen und entwickle im Laufe der Zeit eine ganz eigene Beziehung zu jedem der *Weisheitshüter*. Die Medizin, die sie für Dich bereithalten, wird eine überraschend heilsame Wirkung haben. Auch wenn jedes Gesicht anders ist, sind sie alle hier, um Dir bedingungslose Liebe zu schenken, Dir wichtige Wahrheiten über Dich selbst zu vermitteln und Dich an die Träume zu erinnern, die in Deiner Seele schlummern.

DER KREATIVE PROZESS

Der kreative Prozess, der zur Entstehung der *64 Gesichter des Erwachens* führte, war äußerst mystisch, ungewöhnlich und intuitiv.

Zumeist wurden die Bilder aus meinen Träumen und meiner Vorstellung heraus geboren. Immer wieder verspürte ich den starken Drang, die Essenz eines oder mehrerer Menschen einzufangen, die mich auf einer archetypischen Ebene inspiriert oder bewegt hatten. Andere Gesichter wiederum gehören zu Personen, die mir auf der Straße begegneten oder in einem Café saßen, und deren Energie und Ausdruck ich in einer Zeichnung festhalten „musste". Es kam auch vor, dass andere ihre innere Vorstellung eines Gesichts mit mir teilten und ich diese in ein Bild umsetzte.

Wenn ich zeichne, erschaffe ich mir bewusst einen intimen, meditativen und intuitiven Raum. Ich gebe mich einem rhythmischen und detaillierten Prozess hin – Punkt für Punkt, Strich für Strich. Ich beobachte, wie weißes Papier und schwarze Tinte langsam eine Verbindung eingehen und sich in einem gemeinsamen Tanz verlieren, bis es kein Schwarz und kein Weiß mehr gibt. Kein dies, kein das. Nur ein facettenreiches Wesen, das aus einem Hintergrund hervortritt, versehen mit universellen und archetypischen Symbolen. Ein Wesen, das mich in verborgene Welten einlädt und eine Präsenz ausstrahlt, die ich bis in mein Innerstes hinein spüren kann.

Das Entstehen dieser Gesichter war ein wohltuender Vorgang für mich. Er hat es mir nicht nur ermöglicht, durch meine eigene Trauer über den verletzten und konfliktreichen Zustand der Welt hindurchzugehen, sondern auch meine eigene Form eines Heilmittels zu finden und anzuwenden.

Wenn ich in die Augen dieser weisen Wesen schaue, sobald sie sich voll gezeigt haben, fühle ich mich gesehen, geschätzt und unterstützt. Zu Anfang faszinierte mich vor allem ihre individuelle Schönheit, doch im Laufe der Zeit wurde es immer unwichtiger, woher sie stammten, woran sie glaubten, welche Hautfarbe sie hatten oder wie alt sie waren. Wichtig ist allein die Möglichkeit der Transformation, die in ihrem Blick liegt.

Je mehr Zeit ich mit den *Weisheitshütern* verbringe, umso entspannter, vertrauensvoller, geduldiger und versöhnlicher werde ich in meinem Alltag. Ich fühle mich dazu eingeladen, liebevoller, lebendiger, selbstermächtigter und authentischer zu werden.

Für mich sind diese Zeichnungen wie Fenster zur Seele oder heilsame Spiegel. Jedes Wesen spiegelt auf absolut einzigartige Weise wider, dass das Gesicht von Liebe und Mitgefühl universell ist und das Potenzial dafür tief in uns allen angelegt ist.

WIE DIE GESCHICHTEN ENTSTANDEN

Ebenso wie ich nicht beeinflussen konnte, wer sich zeigte, als ich die *Weisheitshüter* ans Licht holte, hatte ich auch nur wenig Kontrolle über das, was sie zu sagen hatten, als es um das Erstellen des Kartendecks ging. Das Verfassen des vorliegenden Buchs war ein intuitiver Prozess, der vollkommene Hingabe und Vertrauen erforderte.

Als ich es den *Weisheitshütern* ermöglichte, mir ihre persönlichen Geschichten zu erzählen, lernte ich etwas Wichtiges: Sie alle gewannen ihre Weisheit und entdeckten ihre Gaben nicht nur über das Durchleben schwieriger und schmerzlicher Erfahrungen, sondern vor allem dadurch, dass sie diese Erfahrungen annahmen – ganz so wie C. G. Jung uns dazu ermutigt, unsere *Schatten* anzunehmen. Ich stellte fest, dass diese strahlenden Wesen nicht viel anders sind als Du und ich – zutiefst menschlich. Es ist tröstlich zu wissen, dass die wenigsten von uns präsent, liebevoll und mitfühlend sind, ohne zuvor irgendeine Art von Schmerz, Einsamkeit, Leid und Angst durchlaufen zu haben. An welchem Punkt in Deinem Leben Du Dich auch immer befindest: Wenn Du lernst Deine Herausforderungen offen und neugierig anzugehen, dann bist Du wahrscheinlich schon auf dem Weg, selbst ein *Weisheitshüter* zu werden.

Hinweis: Die *Weisheitshüter* und ihre Geschichten wurden gechannelt, um archetypische Themen zu reflektieren und repräsentieren keine bestimmten oder bekannten Personen.

64

Als die *64 Gesichter des Erwachens* intuitiv zu mir kamen, gefolgt von ihren transformativen Geschichten, erkannte ich sie als die Hüter und Überträger archetypischer Weisheit. Zugleich wollte ich herausfinden, inwieweit sie mit anderen bekannten archetypischen Modellen wie den Arbeiten von C. G. Jung (und seiner Betonung des *Schattens*), dem alten philosophischen System des I Ging (mit seinen 64 Hexagrammen) und der Fülle an modernen, mystischen und kreativen Systemen zusammenhingen, die aus dem I Ging entstanden waren, darunter das *Human Design System* von Ra Uru Hu und die *Genschlüssel* von Richard Rudd – zwei zentrale Inspirationsquellen in meiner Arbeit mit Klienten und Klientinnen sowie meinen Schülern.

Das I Ging und die Zahl *64* haben eine wichtige Bedeutung in vielen Bereichen, mit denen sich der menschliche Geist befasst, wie Kunst, Kosmologie, Religion und Wissenschaft. Ich habe diese Bereiche im Laufe der Jahre im Rahmen meiner persönlichen, spirituellen und professionellen Entwicklung erforscht. Da sie auch in meine Tätigkeit als Beraterin und Lehrerin einfließen, haben sie für mich eine besondere Bedeutung gewonnen und sind zu einer Kraftquelle geworden.

Als ich nach Wegen suchte, die *64 Gesichter des Erwachens* und ihre Weisheit in Form eines praktischen und inspirierenden *Kartendecks* einer größeren Anzahl an Menschen zugänglich zu machen, stellte ich fest, dass ich am stärksten mit den Arbeiten von Richard Rudd in Resonanz ging, dem Autor des Buchs *Die 64 Genschlüssel*. Mit Sorgfalt und Dankbarkeit habe ich versucht, die wichtigsten Konzepte und Schlüsselworte aus Richards Buch in das vorliegende Handbuch zu übernehmen. Du findest sie im einleitenden Text zu jedem *Weisheitshüter*. Mein Hauptanliegen bei der Verbindung der *64 Gesichter des Erwachens* und der *Genschlüssel* in diesem Kartendeck liegt darin, Wege zu finden, wie die *Weisheitshüter* Menschen auf praktische, spielerische, erkenntnisreiche und transformative Weise unterstützen können.

DIE GENSCHLÜSSEL

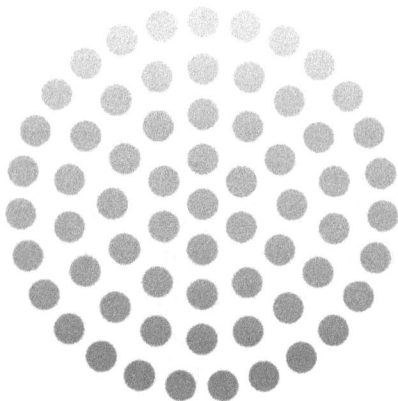

Wie bereits erwähnt wurde das *Weisheitshüter Kartendeck* in Teilen inspiriert durch die Arbeit von Richard Rudd, einem Lehrer der Weltmythologie, preisgekrönten Dichter und Autor des Buchs *Die 64 Genschlüssel: Das Öffnen der verborgenen höheren Bestimmung in unserer DNA*.

Auch wenn dieses Kartendeck vollkommen unabhängig hiervon genutzt werden kann, soll es gleichzeitig dazu einladen, sich auf die *Genschlüssel* und ihre Botschaften einzulassen. Ich empfehle allen, die sich zu diesem Kartendeck hingezogen fühlen, sich mit dem Buch *Die 64 Genschlüssel* zu beschäftigen oder Teil der wachsenden Online-Community zu werden. So lassen sich Deine Erfahrungen mit den *Weisheitshütern* noch weiter vertiefen.

WAS SIND DIE GENSCHLÜSSEL?

Das Verständnis einiger grundlegender Elemente der *Genschlüssel* wird Deine Arbeit mit dem *Weisheitshüter Kartendeck* erleichtern.

Die *Genschlüssel* sind ein Fundus an Wissen und Weisheit, der uns dabei unterstützen soll, unsere wichtigsten Glaubensmuster zu transformieren, unser Bewusstsein zu erweitern und unser individuelles kreatives Genie in die Welt zu bringen. Den *Genschlüsseln* liegen 64 universelle Archetypen zugrunde.

Die 64 *Genschlüssel* entsprechen den 64 Hexagrammen des I Ging, den 64 Codons der menschlichen DNA und den 64 *Weisheitshütern* in diesem Deck. Jeder *Weisheitshüter* transportiert die Essenz des jeweiligen Archetyps über seine ureigene Geschichte. Die Geschichten sollen also vor allem zeigen, wie jeder Archetyp sich im Leben zeigen kann und zwar unabhängig von Kultur, Ethnie, Hautfarbe, Religionszugehörigkeit oder Alter.

Gemeinsam weben die *Weisheitshüter* einen Teppich aus Psychologie, Soziologie, Mystik und der Kultur von Völkern und haben die Kraft, Dich eine zutiefst transformative und mystische Reise in Dein Selbst antreten zu lassen.

DAS BEWUSSTSEINSSPEKTRUM

Beim Erkunden der *Weisheitshüter* wirst Du feststellen, dass jeder von ihnen mit drei grundlegenden Konzepten verbunden ist, und zwar *Schatten, Gabe und Siddhi*, so wie diese Begriffe von Richard Rudd in den *Genschlüsseln* verwendet werden. Für ihn definieren sie ein *Bewusstseinsspektrum* und beziehen sich auf die archetypischen Zustände, die er mit den menschlichen Erfahrungszuständen von *Überleben, Dienst und Hingabe* in Verbindung bringt. Der *Schatten* hat seine Wurzeln in der Psychologie von C. G. Jung, während *Siddhi* ein Begriff aus dem Sanskrit ist, der sowohl in der buddhistischen als auch der hinduistischen Tradition Verwendung findet.

SCHATTEN: Wenn wir uns Sorgen über unser Überleben machen und von Angst getrieben sind, dann bewegen wir uns im Reich des *Schattens*. Schatten können auf repressive oder reaktive Weise Ausdruck finden.

GABE: Wenn wir mehr darauf ausgerichtet sind, anderen zu dienen und uns selbst zu achten anstatt uns zu schützen und zu verteidigen, dann teilen wir unsere *Gaben* ganz natürlich mit anderen und fühlen uns aufgehoben in der Welt.

SIDDHI: Wenn wir einen reinen Zustand der Erweiterung erfahren und unser Gefühl des Getrenntseins vom Ganzen aufgeben, sind wir im Reich des *Siddhi* angelangt.

Jedes der drei Stadien spielt eine essentielle Rolle in unserer psychischen und spirituellen Entwicklung als Menschen. Es gibt keine *Gabe* ohne *Schatten*, keinen *Schatten* ohne *Siddhi*, kein *Siddhi* ohne *Gabe*. Diese Seinszustände (oder Frequenzen) atmen und tanzen im Zuge unserer Entwicklung miteinander.

Das Verständnis, wie *Gabe*, *Schatten* und *Siddhi* unser gesamtes Leben hindurch ständig miteinander interagieren, kann uns helfen, den *Weisheitshütern* – und uns selbst – mit mehr Mitgefühl und Geduld zu begegnen. Wenn wir zum vollen Spektrum unseres menschlichen Bewusstseins erwachen, gehen wir sanfter mit uns um und beginnen immer stärker zu wachsen.

Eines ist dabei wichtig zu verstehen: Selbst wenn wir uns seit Jahren auf einem wahrhaftigen spirituellen Weg befinden, werden wir weiterhin zwischen den Zuständen von *Gabe* und *Schatten* wechseln. Wir werden beobachten können, wie wir immer einmal wieder in altbekannte Muster zurückfallen. Das ist ganz normal. Zeiten von Traurigkeit, Angst und Frustration können ein guter

Nährboden sein, wenn wir sie einfach annehmen, ohne uns selbst deswegen zu verurteilen. Im Laufe der Zeit, wenn wir das Reich der *Schatten* mit weniger Widerstand betreten, werden wir feststellen, dass ihr Einfluss nachlässt und sie nicht länger unsere Einstellungen, Entscheidungen und Handlungen beeinflussen.

Gefühle und Gedanken erscheinen uns zwar als real, aber wir sind nicht länger auf die gleiche Weise in ihnen gefangen oder von ihnen gesteuert. Unsere Entwicklung wird offenbar, wenn unsere Liebe und der Wunsch zu dienen zu größeren Motivationsfaktoren werden als unsere Angst und die Notwendigkeit, uns zu schützen oder zu verteidigen. In unserem Wunsch dem Ganzen zu dienen, finden unsere einzigartigen *Gaben* ihren natürlichen Ausdruck und wir werden zunehmend offener dafür, reine Zustände von Liebe, Verständnis und Lebendigkeit zu erfahren.

Wenn Du also die Geschichten der *Weisheitshüter* liest und darüber nachsinnst, wie die ihnen zugrunde liegenden Themen sich in Deinem eigenen Leben zeigen könnten, dann möchte ich Dich dazu einladen, *Gabe*, *Schatten* und *Siddhi* sowie das fragile Zusammenspiel dieser Zustände in Deinem Herzen und Deinem Geist zu bewegen.

Es wird Dir vielleicht auffallen, dass es in den Geschichten der *Weisheitshüter* in diesem Kartendeck vor allem um den Ausdruck der Frequenzen von *Schatten* und *Gabe* des jeweiligen Archetyps geht. Die *Siddhi*-Zustände werden energetisch über die Karten transportiert – über den Ausdruck der Augen, die Symbole auf den Gesichtern und die Einladung zu einer heiligen Beziehung.

Jeder *Weisheitshüter* hat das Potenzial, tief in Dein Herz vorzudringen und Dich für eine mystische Erfahrung zu öffnen. Wie es beim *Siddhi* immer der Fall ist, musst Du weder etwas tun, noch kannst Du etwas tun. Bleibe einfach offen und gib Dich hin.

DER SCHATTEN

Einen Menschen mit seinem Schatten zu konfrontieren heißt, ihm sein Licht zu zeigen. ~ C. G. Jung

Wir legen besonderen Wert auf das Betrachten des *Schattens*, um zu verstehen, wie er sich zeigt und wie wir ihn am besten in unserem Leben nutzen. Die *Genschlüssel* und die *Weisheitshüter* lehren uns, auf welche Weise der *Schatten* den Schlüssel zu unserer persönlichen Transformation und zur kollektiven Transformation der Menschheit hält.

Als Kinder erleben die meisten von uns, dass wir die Liebe, Sicherheit und Aufmerksamkeit, die wir brauchen, nur dann bekommen, wenn wir bestimmte Gefühle oder Verhaltensweisen zeigen. Im anderen Fall ernten wir meist Missbilligung, Ablehnung oder Drohungen. Weil wir auf die emotionale und körperliche Zuwendung anderer angewiesen sind, lernen wir schnell, instinktiv diejenigen Teile von uns abzulehnen, die sich nicht sicher anfühlen. Dieser Prozess entzieht sich größtenteils unserer bewussten Wahrnehmung.

Die meisten von uns haben folglich, ohne es zu wissen, einige ihrer sehr menschlichen und natürlichen Impulse, Gefühle und Wünsche genommen und in die Dunkelheit verbannt – die *Schatten* unserer Existenz. Unabhängig davon, ob wir schwierige Emotionen unterdrückt haben (wie Wut, Traurigkeit oder Selbstsucht) oder scheinbar positive (wie Verspieltheit, Intuition und Sinnlichkeit), wurden so energetische Erfahrungen verdrängt, die ihren Einfluss nun aus unserem Unterbewusstsein heraus ausüben.

Schatten können hinterlistig und schwer zu fassen sein, und meistens verschaffen sie sich auf irgendeine Weise Ausdruck. Häufig zeigen sie sich in unserem eigenen destruktiven Verhalten und im Umgang mit unseren Mitmenschen. Die Menschen, die uns am meisten triggern, sind oft jene, die aus genau den Impulsen und Wünschen heraus handeln, die wir bei uns selbst unterdrücken.

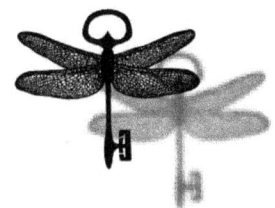

DIE HEILIGE AUFGABE DES SCHATTENS

*Der Schatten ist wie ein Stück Kohle, in dem sich
ein Diamant großer Schönheit verbergen kann.*
~ Richard Rudd

Doch auch wenn Schatten hinterhältig und schwer zu fassen sein können, sind sie auch heilig, wenn wir lernen sie anzunehmen. Die Haltung, die wir unserem eigenen Leiden gegenüber einnehmen, entscheidet letztendlich darüber, ob unsere Schatten uns und der Menschheit insgesamt dienen oder nicht.

Stelle Dir diese Fragen, wenn Du ein schmerzliches, unangenehmes oder verbotenes Gefühl wahrnimmst:

Schiebst Du das Gefühl weg?
Beurteilst Du es?
Fühlst Du Dich als Opfer?
Gibst Du anderen die Schuld daran?

Oder kannst Du es einfach annehmen, wie es ist?

Kannst Du zulassen, es vollständig zu fühlen – es mit offenem Herzen durch Dich hindurch fließen zu lassen?

Kannst Du Dich vertrauensvoll darauf einlassen und einfach nur atmen?

Meine Einladung an Dich lautet, jeden *Schatten*, den Du spürst und wahrnimmst, als *heiligen Boden* zu betrachten. Versuche nicht, etwas an Deinem jeweiligen Zustand zu ändern. Erlaube ihm einfach zu sein. Werde Dir der vollkommenen Perfektion dessen bewusst, was Du gerade erlebst. Ein perfekter Schmerz. Eine perfekte Verwirrung. Ein perfektes Leid. Je besser Dir das gelingt, umso stärker wirst Du Dir – ganz von selbst – das Reich der *Gabe* erschließen.

Wenn Du Dich am einsamsten fühlst und gebeutelt von Deinem persönlichen Leid, dann mache Dir bewusst, dass Du zutiefst mit dem Leid der Welt verbunden bist. Genau wie die *Weisheitshüter* bist Du hier, um Deinen Teil zum großartigen Gesamtbild menschlicher Erfahrung beizusteuern. Wenn Du einen bestimmten Aspekt menschlichen Leids verstehst, verarbeitest und transformierst, dann tu es zum Nutzen der Welt. Durch das Heilen Deines eigenen Schmerzes trägst Du dazu bei, den Schmerz der Menschheit zu heilen.

Das *Weisheitshüter Kartendeck* ist eine wunderbare Ergänzung für alle, die sich für die *Genschlüssel* (und das *Human Design System*) interessieren beziehungsweise damit arbeiten. Da die *Genschlüssel* einen großen Wissensfundus darstellen und stark in die Tiefe gehen, bietet das *Kartendeck* eine zusätzliche Möglichkeit, die Essenz einer Qualität zu erfassen – eine direkte, intime und herzöffnende Verbindung auf der Beziehungsebene.

In jeder Geschichte der *Weisheitshüter* sind die Worte, die einen direkten Bezug zu den *Genschlüsseln* haben, *kursiv* gesetzt.

Zusätzlich wurden die Karten mit einem Farbcode versehen, für alle jene, die bewusst mit den *21 Codon-Ringen* von Richard Rudds *Genschlüsseln* arbeiten möchten oder dem, was ich bei den *Weisheitshütern* als „Seelengruppe" bezeichne.

(Weitere Informationen dazu findest Du hinten im Buch.)

WIE MAN MIT DEN WEISHEITSHÜTERN ARBEITET

Die Nutzung dieses Kartendecks kann die Erforschung Deiner selbst um eine spielerische Dimension erweitern und Synchronizität fördern. Betrachte die Gesichter der *Weisheitshüter* auf offene und empfängliche Weise. Wahrscheinlich wirst Du feststellen, dass Du Dich zu einem *Weisheitshüter* besonders hingezogen fühlst, oder auch zu mehreren. Öffne Dich für den Gedanken, dass dies nicht grundlos geschieht und in eurer Verbindung eine transformative Kraft steckt. Schließlich ist es unmöglich, bei der Arbeit mit dem *Kartendeck* einen Fehler zu machen oder den falschen *Weisheitshüter* zu ziehen.

Wenn Du mit den Karten arbeitest, lade ich Dich ein, Deinen speziellen *Weisheitshüter* an einem Ort zu platzieren, an dem Du ihn häufig im Blick hast. Jedes Mal, wenn Du Kontakt zu einem *Weisheitshüter* aufnimmst, nimmst Du Verbindung auf zu Dir selbst, einer starken archetypischen Essenz und dem tiefsten Potenzial Deines Lebens. In diesen Augen liegt eine besondere Art von Magie.

Halte beim Mischen oder Ziehen von Karten eine Frage und eine Intention in Deinem Herzen. Bitte darum, dass der richtige *Weisheitshüter* zu Dir kommt und dass das Legesystem oder die einzelne Karte Deinem höchsten Besten dient. Ziehe die Karte(n) vorzugsweise mit Deiner nicht dominanten Hand, um die Weisheit Deines inneren Kindes zu nutzen und den Verstand möglichst beiseite zu lassen.

Stelle offene Fragen statt Ja-/Nein-Fragen. Deine Fragen sollten zudem praktischer Natur sein und ihren Ursprung im Jetzt haben. (Das *Kartendeck* ist nicht als Instrument zur Vorhersage der Zukunft gedacht.)

Es kann hilfreich sein, ein *Weisheitshüter*-Notizbuch anzulegen, in dem Du Gedanken, Erkenntnisse, Bilder und sich entwickelnde Träume und Visionen festhältst. Wenn Du einen *Weisheitshüter* auswählst, hast Du die Möglichkeit unmittelbar danach im Buch seine Geschichte zu lesen und Dich von den zugehörigen Fragen und Handlungsvorschlägen inspirieren zu lassen. Du kannst aber auch zunächst einige Zeit allein mit dem Weisheitshüter verbringen, bevor Du ins Buch schaust, um zu sehen, welche intuitiven Botschaften Du ohne einen Einfluss von außen erhältst. Vertraue darauf, dass Du wissen wirst, was jeweils richtig für Dich ist.

Die folgenden Fragen können Dich zusätzlich bei Deinen Überlegungen unterstützen:

Was löst der jeweilige *Weisheitshüter* in Dir aus?
Wozu inspiriert er Dich?

An welche wichtige Wahrheit erinnert er Dich?

Welche Deiner *Gaben* sieht dieser *Weisheitshüter* und vertraut darauf?

Welche Deiner *Schatten* sieht dieser *Weisheitshüter* und nimmt sie an?

Wenn dieser *Weisheitshüter* heute eine Botschaft für Dich hätte, wie würde sie lauten?

Wenn Du mit dieser Person zusammensäßest und ein Gespräch führtest, was würdest Du ihr erzählen wollen?
Was würdest Du sie fragen wollen?
Was glaubst Du, wie die Antwort auf die Frage aussehen würde?

Denk immer daran...

Hör zu… entspann Dich… in jeder Weise.
Körperlich, emotional und mental.
Öffne Dein Herz. Versuche nicht alles gleich logisch zu verstehen und erlaube Dir, im Laufe der Zeit zu lernen und Erkenntnisse zu sammeln.

BEI JEDEM WEISHEITSHÜTER FINDEST DU FOLGENDES:

Eine Zahl: Jeder *Weisheitshüter* entspricht einem von 64 Archetypen, die wiederum mit den 64 Hexagrammen des I Ging und einigen seiner Ableger verbunden werden können, darunter den 64 *Genschlüsseln*.

Drei Worte (*Gabe*, *Schatten* und *Siddhi*, wie zuvor beschrieben*)* **und ein Programmierungspartner**: Genau wie jeder *Genschlüssel* einen Programmierungspartner hat, besitzen auch die *Weisheitshüter* Begleiter*innen oder Seelenpartner-innen. Gemeinsam stellen sie sowohl ein Paradoxon dar als auch eine Einheit. Betrachte die Partnerschaften auf intuitive Weise und lass Dich von ihnen inspirieren. Näheres zu *Gabe*, *Schatten* und *Siddhi* findest Du in Richard Rudds Buch *Die 64 Genschlüssel*.

Symbole: Jedes Gesicht trägt bewusst universelle und zugleich sehr spezifische Symbole, die die jeweiligen Gaben widerspiegeln, die die *Weisheitshüter* verkörpern.

Weisheitsgeschichte: Jeder *Weisheitshüter* erzählt Dir eine archetypische und zutiefst persönliche Geschichte. Du wirst feststellen, dass kein *Weisheitshüter* an den Ort gelangt ist, an dem er sich heute befindet, ohne seine eigene Form von Leid erlebt und seinen *Schatten* umarmt zu haben.

Botschaft: Jeder *Weisheitshüter* hat eine spezielle weise Botschaft für Dich, in Form von Worten, die unmittelbar aus dem Herzen kommen.

Fragen zur Kontemplation: Kontemplation ist einer der sanftesten und machtvollsten Wege, um eine tiefe Transformation in Deinem Leben anzustoßen. Einfache und bedeutungsvolle Fragen sollen Dich dabei unterstützen, Dich mit den *Weisheitshütern* und ihren Geschichten zu verbinden und ihre Erkenntnisse mithilfe einfacher Handlungsvorschläge in Dein Leben zu integrieren.

Die Botschaften der Weisheitshüter...

*Die Genialität der Frische ist
etwas in die Welt zu bringen,
das niemand je zuvor gesehen hat.*

Gabe: Frische
Schatten: Dumpfheit
Siddhi: Schönheit
Programmierungspartner: 2

~ Richard Rudd

MEINE WEISHEITSGESCHICHTE

Man sagt, ich sei bereits mit einem Lächeln auf die Weltgekommen. Aber je älter ich wurde, umso häufiger fühlte ich mich plötzlich und ohne Vorwarnung traurig und *bedrückt* und das machte mir Angst. Ich wollte, dass dieses unangenehme Gefühl wegging und tat alles, um es loszuwerden. Ich verleugnete es, verurteilte es, versuchte es aufzulösen, nur damit es endlich verschwand. Schließlich begann ich sogar damit es vorherzusagen und wurde ziemlich gut darin, es zu beschreiben. Nur eines schaffte ich nicht: die Kontrolle über das Gefühl zu gewinnen. Die Schwermut überfiel mich immer wieder, ohne dass ich es hätte beeinflussen können.

Eine Weile lang schaffte ich es den Schmerz zu verdrängen, indem ich *mit Eifer* dafür sorgte, dass ich stets beschäftigt war. Mein Kalender quoll über und jede freie Minute meines Lebens war mit Menschen und Aktivitäten angefüllt. Doch irgendwann holte mein Übereifer mich ein und ich war völlig ausgebrannt. Es gab Tage, Wochen, ja sogar Monate, in denen ich es nicht aus dem Bett schaffte. Ich fühlte mich schwer, so als wäre mein Leben von einer großen *Dumpfheit* überschattet. Ich war davon überzeugt, dass irgendetwas mit meinen Gefühlen nicht stimmte und somit auch mit mir, weil ich ja schließlich diese Gefühle hatte. Tief in meinem Inneren spürte ich, dass meine Traurigkeit mich davon abhielt, mir das Leben aufzubauen, das eigentlich für mich gedacht war.

Eines Tages gab ich aus reiner Verzweiflung einfach auf und versuchte nicht länger, meine Melancholie zu bewerten und gegen sie anzukämpfen. Was dann passierte war verblüffend. Sie verabschiedete sich nach und nach ganz von selbst, so wie eine vorüberziehende Wolke. Es fühlte sich an, als sei es das Natürlichste der Welt. Zu meiner Freude blitzte dahinter meine Kreativität hervor, ganz wie die Sonne, nachdem die Wolken sich verzogen haben.

Mittlerweile gönne ich mir viel Zeit mit mir allein, um einfach nur zu sein. Ich begreife nun die Momente, in denen mich die Melancholie ergreift, als natürlichen Teil des Lebens. Ich nehme sie vollkommen an, ohne sie zu analysieren oder zu bewerten. Je weniger Kraft und Zeit ich aufs Grübeln und Bewerten verwende, umso stärker spüre ich, wie Freude und Lebendigkeit in mir emporsprudeln, verbunden mit dem natürlichen Bedürfnis, dieser Freude auf kreative Weise Ausdruck zu verleihen. Ich vertraue nun darauf, dass es tatsächlich gesund für mich ist, *Frische* und Begeisterung in mir hervorbrechen zu lassen, wenn sich die Freude zeigt – ebenso, wie ich mich zurückziehe und mein Alleinsein genieße, wenn ich meine Kreativität in innere Bahnen lenke. Auf diese Weise kann ich am meisten bewirken.

MEINE BOTSCHAFT AN DICH

Wenn ich Dich ansehe und Du gerade niedergeschlagen bist, dann weiß ich, dass im Grunde genommen alles in Ordnung ist. Dein weiser Körper ist dabei, sich neu aufzuladen und in Deinem Bauch wächst gerade etwas Tiefgreifendes und Kreatives heran. Mach Dir keine Gedanken, wenn Du nicht weißt, was genau dort geboren werden will. Lass einfach Deine Gefühle zu, vertraue und gönne Dir ein bisschen Zeit ganz für Dich allein. Schon bald wirst Du Dich wie neu geboren fühlen und bereit sein, mit *Frische* und einer neuen Perspektive in die Welt zurückzukehren. Je mehr Du bereit bist, Deine Traurigkeit mit offenen Armen anzunehmen, umso energetisierter werden sich Menschen in Deiner Gegenwart fühlen. Sie werden das Licht und das Feuer in Deiner Seele wahrnehmen. Denk immer daran: Die Lebendigkeit und Schönheit, die Du in meinem Gesicht siehst, sind auch in Dir. Deine Freude ist unverwüstlicher und ansteckender als Du Dir überhaupt nur vorstellen kannst. Und ihr Timing ist immer perfekt. Also nimm von ganzem Herzen an, wer Du bist, und vertraue darauf, dass Dein helles Licht immer dann erscheinen wird, wenn es seine inspirierendste Wirkung hat.

FRAGEN ZUR KONTEMPLATION

- Stellst Du häufiger fest, dass Du bestimmte Gefühle bewertest und versuchst, sie zu analysieren oder loszuwerden? Wie wirkt sich das auf Deinen Körper aus?

- Welches Gefühl versuchst Du aufgrund seiner Schwere am meisten wegzuschieben?

- Finde eine Möglichkeit, Dir dieses Gefühl und seinen Ausdruck heute zu erlauben. Schreibe darüber in Deinem Notizbuch, erzähle jemandem, dem Du vertraust davon, höre ein Lied oder schau Dir einen Film an, in denen dieses Gefühl ausgedrückt wird oder erstelle eine Gefühlskollage. Was immer Du tust, gib dieser Tätigkeit Raum und schau was passiert.

- Welche einfache Tat würde heute mehr *Schönheit* in Dein Leben bringen?

Je mehr Du in Kontakt mit Deinem Einssein mit allen Lebewesen kommst, umso stärker wirst Du Deine eigene Einzigartigkeit wahrnehmen, speziell im Ausdruck Deiner Kreativität.

Gabe: Ausrichtung
Schatten: Entwurzelung
Siddhi: Einheit
Programmierungspartner: 1

~ Richard Rudd

MEINE WEISHEITSGESCHICHTE

Als Kind waren die Bäume meine Freunde und die Tiere meine Familie. Für mein Volk waren alle Dinge miteinander verbunden und alles pulsierte mit Leben. Aber dann zog meine Familie um in eine Welt voller gerader Linien und klarer Grenzen. Ich fühlte mich fremd, abgeschnitten und *entwurzelt*. Welche Richtung ich auch einschlug, nichts fühlte sich richtig an.

Also ließ ich meine Wurzeln als australischer Ureinwohner hinter mir und begann, Freunde, Geld und Wissen anzusammeln. Ich beschäftigte mich sogar mit westlichen Religionen, bis ich schließlich die moderne Wissenschaft zu meinem Gott erkor. Mein Leben nahm Struktur und Ordnung an, war geradezu *reglementiert*. Auf der Oberfläche machte ich mich lustig über die chaotischen, irrationalen Bräuche meiner Eltern. Aber tief in meinem Inneren fühlte ich mich hilflos und neben der Spur und war voller Selbstzweifel. Nachts träumte ich wiederholt davon, dass die Menschheit sich selbst zerstören würde.

An einem Punkt fühlte ich mich schließlich so *verloren*, dass ich daran dachte, mir das Leben zu nehmen. Dann starb meine Großmutter. In der darauffolgenden Nacht erschien sie mir im Traum und sagte: „Jedes Mal, mein lieber Junge, wenn Du Deine Wurzeln ablehnst, lehnst Du nicht nur mich und unsere Familie ab, sondern den gesamten Kosmos." Dieser Traum löste etwas in mir aus, etwas sehr Machtvolles. Gleich am nächsten Tag buchte ich einen Flug nach Australien. Es war der erste Besuch in der alten Heimat, seit meine Familie umgezogen war.

In dem Moment, in dem ich aus dem Flugzeug stieg, durchlief mich eine ganze Welle von Gefühlen. Es war, als würde das Land in meinen Blutkreislauf eindringen und meinen Körper daran erinnern, was es hieß zu vertrauen, sich hinzugeben und loszulassen. Ironischerweise wurde mir im gleichen Moment klar, dass ich nichts tun und nirgendwohin gehen musste, um das Gefühl von Verlorenheit und Leere loszuwerden, das mein Leben so sehr bestimmt hatte. Allein sich die Sehnsüchte bewusst zu machen, die sich dahinter verbargen reichte aus, um mir eine neue *Ausrichtung* zu geben und ein ungeahntes Maß an Kreativität in mir zu wecken.

Mittlerweile spüre ich mit meinem gesamten Körper, dass ich – ganz gleich, wo ich mich aufhalte – ein Teil des Ganzen bin und meinen wunderbaren und einzigartigen Beitrag leiste. Selbst mitten in der Großstadt sind die Bäume nun meine Freunde und alles um mich herum ist Teil einer wunderbaren Symphonie, in der ich ein wichtiges und einzigartiges Instrument spiele.

MEINE BOTSCHAFT AN DICH

Ich komme, um Dir die Gabe der *Ausrichtung* zu bringen. Wenn Du in meine Augen blickst, dann gestatte mir, Dich an die tiefste Wahrheit zu erinnern – dass wir alle EINS sind. Du und ich mögen an der Oberfläche anders aussehen, aber tief drinnen sind wir gleich. Mach Dir weniger Gedanken darüber, was andere von Dir halten und mehr darüber, dass Du ein natürlicher Teil des Ganzen bist. Öffne Dich für den Pfad der Synchronizität, während Du voller Hingabe in meine Augen schaust. Denk nicht zu viel nach. Lass zu, dass die Gewissheit, die ich in mir trage – dass wir alle eine *Einheit* sind und alles genau zur rechten Zeit geschieht – in Dir das Vertrauen weckt, dass es schlichtweg unmöglich für Dich ist, kein Teil des Stroms des Lebens zu sein.

FRAGEN ZUR KONTEMPLATION

- Fühlst Du Dich verloren, allein oder neben der Spur?
- Oder versuchst Du ständig, Dein Leben zu kontrollieren, festzulegen oder gar zu *reglementieren*?
- Wann hast Du zum letzten Mal ein tiefes Gefühl der *Einheit* verspürt – so als wärst Du im Fluss und mit allem Lebendigen verbunden? Wo warst Du da? Mit wem warst Du zusammen?
- Versuche heute einmal auf einfache Weise, in dieses Gefühl zu kommen. Verbringe Zeit in der Natur. Singe, tanze oder lache mit anderen. Gehe an einen Deiner Lieblingsorte und nimm alles in Dich auf.

*Ganz gleich, wer, was oder wo Du bist –
wenn Du nicht ständig Grenzen überschreitest,
stirbst Du einen langsamen Tod.*

Gabe: Innovation
Schatten: Chaos
Siddhi: Unschuld
Programmierungspartner: 50

~ Richard Rudd

MEINE WEISHEITSGESCHICHTE

So wie alle Kinder liebe ich es zu spielen. Manchmal sieht das von außen – vor allem für Erwachsene – so aus, als würde ich einfach nur *Chaos* und *Durcheinander* verursachen. Sie werden nervös, weil ich selten weiß, wie sich ein Spiel entwickelt oder wohin es führen wird. Mich selbst stört das überhaupt nicht. Mir geht es allein darum, mich auszudrücken und ein Abenteuer zu erleben.

Ich mag das Gefühl, meine Umgebung zu verändern und dann durch diese neue Umgebung selbst verändert zu werden. Und weil mein Herz immer genauso offen ist wie mein Verstand, spiele ich am liebsten gemeinsam mit anderen Menschen. Menschen, die ein Rätsel genauso lieben wie ich und bereit sind, sich in schwierige Situationen zu begeben, damit wir gemeinsam wieder einen Weg herausfinden.

Manchmal, wenn ich mit Freunden oder in meiner Vorstellung spiele, taucht etwas Furchterregendes auf, wie zum Beispiel ein Monster. Zuerst wissen wir nie, was wir tun sollen. Doch dann stecken wir unsere Köpfe zusammen und setzen Herz und Verstand ein, um einen fantastischen Plan zu entwickeln, wie wir uns selbst und die gesamte Welt retten können. Meist kombinieren wir dabei lauter Dinge und Menschen, die man sonst nicht miteinander in Verbindung bringen würde. Manchmal kreischen wir auch einfach los, werfen die Hände in die Luft und tanzen fröhlich mit dem Monster. Egal wie es ausgeht, am Ende verwandelt sich unsere Angst in der Regel in Spaß.

Wir geben uns selten mit Fragen ab, wie „Ist das Monster nun echt oder nicht?" oder „Kann eine Kombination aus Laserstrahl und Zuckerwatte wirklich als Monsterdestabilisierer dienen?" Wenn wir spielen, machen wir uns über so etwas keine Gedanken. Kein Fernseher, Elternteil oder Lehrer hat dann eine Chance uns davon zu überzeugen, was wahr, möglich, vernünftig oder praktisch machbar ist und was nicht. Oder was zusammenpasst oder nicht. Das Einzige, was zählt ist, dass wir die Welt retten, zusammen etwas Großartiges tun und dabei noch jede Menge Spaß haben.

MEINE BOTSCHAFT AN DICH

Lass Dich nicht täuschen. Ich bin jung, aber weise. Ich komme, wenn es für Dich an der Zeit ist, alle Neuanfänge mit einem Herzen willkommen zu heißen, das offen, abenteuerlustig und unschuldig zugleich ist. Du sollst verstehen, wie bedeutsam und gestalterisch Dein Beitrag zu unserer Welt sein kann. Ich stehe für Wandel, Synthese und *Innovation*. Wenn ich in Deine Augen blicke, sehe ich, wo Du dem Leben noch nicht vollständig vertraust. Lass mich Dir ein Geheimnis verraten. Wir alle sind ständigem Wandel unterworfen. Genau wie die Blumen, die in mein Gesicht eingearbeitet sind, bist auch Du hier, um ständig zu blühen, zu verwelken und wieder neu zu erblühen. Es ist also nicht notwendig, dass Du Dich bemühst an jeder Ecke *Chaos* zu vermeiden oder alles unter Kontrolle zu bringen. Denn das wäre, als würdest Du Dich vor dem Kosmos selbst oder Deinem eigenen, sich ständig weiterentwickelnden Wesen schützen wollen. Welche Vorstellungen, Dogmen oder Glaubenssätze Du auch immer hast, lass sie los. Zumindest für den Moment. Hab einfach nur Spaß. Improvisiere. Sage JA zu allem, was geschieht. Trage Deinen ganz eigenen, unerwarteten Teil zum kollektiven Mix bei und genieße die aufregende Fahrt des Lebens, ganz gleich wohin sie Dich führt.

FRAGEN ZUR KONTEMPLATION

- Fühlt sich Dein Leben häufig *ungeordnet* und *chaotisch* an, oder versuchst Du *zwanghaft* alles unter Kontrolle zu haben?
- Wie reagierst Du beziehungsweise wie reagiert Dein Körper auf *Chaos*?
- Hast Du Angst vor einem Wandel im Inneren oder im Außen?
- Was würdest Du anders machen, wenn Du Dich mit dem Unbekannten anfreunden würdest, anstatt in den Widerstand zu gehen?
- Erinnere Dich zurück an eine Zeit in Deinem Leben, in der Du Dich unschuldig und wie ein Kind gefühlt hast.
- Welches neue Abenteuer erwartet Dich?
- Welcher Bereich Deines Lebens schreit nach *Innovation*?

Wahres Verstehen liegt außerhalb der Domäne des Verstands.

Gabe: Verständnis
Schatten: Intoleranz
Siddhi: Vergebung
Programmierungspartner: 49

~ Richard Rudd

4

MEINE WEISHEITSGESCHICHTE

Schon von jeher lebe ich mit dem Segen und Fluch eines scharfen Verstandes. Wer mich heute erlebt, dem fällt es vielleicht schwer zu glauben, dass ich in jüngeren Jahren nahezu besessen davon war, um jeden Preis alles verstehen zu wollen. Ich versuchte ständig, Erklärungen für meine momentanen Gefühlslagen zu finden und diesen Erklärungen zu trauen, egal wie sehr sie von Angst, Wut oder Vorurteilen geprägt waren. Mein Verstand kaute alles bis ins Detail durch und mein Denken war geprägt von Thesen, Rechtfertigungen und *pingeliger* Kleinkrämerei. Meine Toleranz gegenüber Menschen, deren *Verstehen* mir begrenzt erschien oder deren Ansichten anders waren als meine, nahm immer mehr ab.

Manchmal erschöpften mich das Abspulen der Argumente und Gegenargumente in meinem Kopf so sehr, dass ich mich körperlich vollkommen ausgelaugt und energielos fühlte. In diesen Momenten spürte ich, dass hinter dieser scheinbaren *Apathie* eine tiefe Unsicherheit lag und ich musste mir eingestehen, dass ich in wahre Angstzustände verfiel, wenn ich keine logischen Antworten auf meine Fragen finden konnte.

Aber das war zu einer Zeit, als das Denken mein Leben bestimmte. Als ich noch glaubte, dass mein Verstand in der Lage sei, meine Träume zu erfüllen, meine Ängste auszuräumen und mir den Frieden und die Sicherheit zu bringen, nach denen ich mich sehnte.

Erst als ich das Leben mit all seinen Unsicherheiten willkommen hieß, musste ich meinen Standpunkt nicht mehr auf Teufel komm raus verteidigen. Erst dann wurde mir klar, dass wahres *Verstehen* nichts mit intellektuellem Wissen zu tun hat, sondern vielmehr dazu dient, den gesamten Körper zu durchdringen und das Herz zu öffnen.

Heute bleibe ich nicht mehr an einer Seite eines Themas hängen oder verschwende wertvolle Energie darauf, meinen Standpunkt zu verteidigen. Stattdessen genieße ich es, jede Situation von allen Seiten zu betrachten. Ich setze meinen brillanten Verstand freudig ein, um anderen dabei zu helfen, die Schranken ihrer Vorurteile und ihrer *Intoleranz* zu überwinden, damit sie das große Ganze erkennen können. Am Ende besteht die wahre Aufgabe des Verstandes darin, das Herz *Vergebung* zu lehren.

MEINE BOTSCHAFT AN DICH

Wenn ich Dir dabei zusehe, wie Du versuchst Dein Leben zu verstehen, Deine Meinungen zu bilden oder Deine Gefühle zu verteidigen, dann stehe ich mit liebevoller Geduld an Deiner Seite. Ich bin hier, um Dich dazu einzuladen, Deinen wunderbaren Verstand für das einzusetzen, was er am besten kann. Lass ihn spielen, forschen, kommunizieren und der Welt dienlich sein. Lass ihn Brücken des Mitgefühls bauen und Menschen helfen zu erkennen, wie sie Vorurteile und Intoleranz fallen lassen können, damit wir alle das große Ganze sehen und feiern können. Ich weiß und vertraue darauf, dass sich Dein hart arbeitender Verstand an irgendeinem Punkt erschöpft haben wird und Du in eine neue Lebensphase eintrittst, in der Du wahres *Verständnis* erlebst und es aus Deinem Herzen heraus erstrahlen lässt. Für den Moment wünsche ich mir einfach nur, dass Du Dir selbst vergibst. Schon bald wirst Du keinerlei Zweifel mehr haben, dass Du – genau wie der Rest der Welt – so viel wertvoller und wunderbarer bist, als Du es jemals mit dem Verstand erfassen könntest.

FRAGEN ZUR KONTEMPLATION

- Neigst Du dazu, zu viel zu denken und die Dinge zu zerpflücken? Fühlst Du Dich manchmal wie gelähmt, weil Du unentschieden bist?

- Gibt es bestimmte Dinge, Situationen und Menschen, bei denen Du das Gefühl hast, dass Du sie unbedingt verstehen musst, weil Du Dich sonst nicht entspannen kannst?

- In welchen Situationen stellst Du fest, dass Du anderen gegenüber *intolerant* bist? Kannst Du Dir selbst (und anderen) dafür vergeben, dass Du Dein Herz verschlossen hast?

- Denk zurück an einen Moment, in dem Du wahres *Verstehen* gespürt hast oder wahre *Vergebung*.

- Woran merkst Du, ob Du mit dem Herzen denkst? Setze Dich mit diesen Fragen in Deinem Notizbuch auseinander.

Geduld hat mit Vertrauen zu tun…
Wenn Du dem Leben vertraust, wirst Du ihm in jedem
Moment vertrauen, selbst in den schwierigen.
So bleibst Du immer im Fluss.

Gabe: Geduld
Schatten: Ungeduld
Siddhi: Zeitlosigkeit
Programmierungspartner: 35

~ Richard Rudd

MEINE WEISHEITSGESCHICHTE

Als junger Mann war ich immer in Eile. Mein Atem war flach und ich war ständig nervös. Ganz gleich, wie die Dinge sich im Außen entwickelten, in meinem Inneren war ich ständig unzufrieden. Ich besaß einen kleinen Lebensmittelladen, aber ich wollte mehr. Ich war fest davon überzeugt, die Dinge selbst in Angriff nehmen zu müssen, sonst würde nichts passieren. Mein Schicksal lag in meiner Hand. Und mir lief die Zeit davon.

Es gab Zeiten, in denen ich so *ungeduldig* war und so verzweifelt wollte, dass mein Geschäft endlich wuchs, dass ich regelrecht *aggressiv* wurde. Das ging so weit, dass meine Mitarbeiter kündigten, Lieferanten die Zusammenarbeit mit mir verweigerten und die Kunden ausblieben. In meiner Verzweiflung verfiel ich in *Pessimismus* und glaubte, bei mir würde sowieso nichts klappen, egal wie sehr ich mich bemühte. Doch als ich eines Abends dasaß und mich fragte, ob ich nicht einfach alles aufgeben sollte, klopfte ein freundlicher alter Mann an meine Tür. In der einen Hand hielt er das Buch der Wandlungen, in der anderen einen kleinen Baum, der so wunderschön war, dass er aus sich heraus zu strahlen schien. Ich bat ihn herein und wir beide saßen stundenlang beieinander und redeten. Ich verlor jegliches Zeitgefühl. Und bevor ich mich versah, stimmte ich zu, sein Lehrling zu werden und die heilige Kunst der Weissagung mithilfe des I Ging und die Kunst der Gestaltung von Bonsai-Bäumen (Penjing) zu erlernen.

Das ist nun bereits viele Jahre her. Heute kann ich darüber lachen, wie viel *Geduld* es mich gekostet hat, die Kunst der *Geduld* zu erlernen. Wie oft mein Meister mich ermahnen musste, mir Zeit zu nehmen, tief zu atmen und das Leben so anzunehmen, wie es war. Ich musste nichts manipulieren, mir nichts erkämpfen und mich nicht in Verzweiflung stürzen. Er brachte mir bei, die Natur als Schatz zu betrachten und mit den Jahreszeiten zu leben. So erfuhr ich, dass ein ähnlich perfekter und geordneter Rhythmus auch in meiner Seele lebte und aktiv war. Yin wird immer wieder zu Yang werden und Yang immer wieder zu Yin. *Geduld* zahlt sich aus. Mein Lehrer und die Bäume brachten mir bei, dem Leben zu vertrauen und jeden Moment zu ehren, selbst die schwierigen und schmerzlichen. Mein Leben ist heute einfach und ich genieße immer wieder den wunderbaren Zustand der *Zeitlosigkeit*.

MEINE BOTSCHAFT AN DICH

Es ist an der Zeit, Deine Schultern zu lockern und entspannt zu atmen. Werde still. Lausche Deinem eigenen Herzschlag. Es gibt gerade nichts zu tun. Das Leben ist zutiefst intelligent. Sein Timing ist makellos und es weiß immer, was das Beste für Dich ist. Und Du, mein Freund, meine Freundin, bist ein untrennbarer Teil des Lebens, für immer mit allem und jedem um Dich herum verbunden. Ich bin hier, um Dich daran zu erinnern, dass nichts aus Zufall passiert oder ohne mit einer möglichen Gabe verbunden zu sein. Ein verspäteter Zug kann eine unerwartete Begegnung mit sich bringen, ebenso wie eine persönliche Krise eine heilsame Chance sein und der Schmerz eines Einzelnen einen kollektiven Wandel bewirken kann. All dies stets zum rechten Zeitpunkt. Nimm also einen weiteren tiefen Atemzug, gib den Weg frei und mache *Geduld* zu Deinem Freund. Deine Seele wird es Dir danken.

FRAGEN ZUR KONTEMPLATION

- Wo in Deinem Leben – und mit wem – erlebst Du Deine *Ungeduld* am stärksten?

- Wenn Du vollkommen auf das perfekte Timing des Lebens vertrauen würdest und dass nichts per Zufall geschieht, wie würden sich Deine Gedanken, Gefühle, Einstellungen und Beziehungen ändern? Was würdest Du anders machen – oder auch nicht?

- Erinnere Dich an das letzte Mal, an dem Du ein Gefühl von *Zeitlosigkeit* erlebt hast. Wo warst Du da?

- Versuche am heutigen Tag einmal mehr zu SEIN und weniger zu hetzen (und Dir weniger Sorgen zu machen!). Wenn ein unangenehmes Gefühl auftaucht, dann sage Dir: „Ich heiße dieses Gefühl jetzt im Namen der gesamten Menschheit willkommen."

Diplomacy

Emotionale Reife bedeutet, dass Deine Bewusstheit trotz tiefer Gefühlszustände intakt bleibt.

Gabe: Diplomatie
Schatten: Konflikt
Siddhi: Frieden
Programmierungspartner: 36

~ Richard Rudd

MEINE WEISHEITSGESCHICHTE

In der Region, in der ich aufwuchs, waren Schicksalsschläge und Gewalt an der Tagesordnung. Ganze Generationen meines Volkes wurden traumatisiert und überall tobten *Konflikte* – zwischen Ost und West, Moderne und Tradition, Arm und Reich, Männern und Frauen.

Als junges Mädchen standen mir nicht viele Möglichkeiten offen. Ich konnte meine Stimme weder gegen die Ungerechtigkeit in der Welt erheben noch gegen Missbrauch und Gewalt in der eigenen Familie. Aus Angst vor Übergriffen befand sich mein Körper in ständigem Alarmzustand. Nach außen hin war ich überaus *zuvorkommend*, galt als *Friedensstifterin*. Beim ersten Anzeichen eines *Konflikts* war ich da, um die Wogen zu glätten. Doch in meinem Inneren dominierten Unruhe und Unsicherheit. Ich fürchtete mich vor Männern und Menschen, die nicht meinem Volk angehörten. Ich errichtete Mauern um mein Herz.

Ein einziges Mal gingen die Pferde mit mir durch und ich beschimpfte meinen Vater, er sei ein Tyrann. Meiner Mutter warf ich vor, ein willenloses Opfer zu sein. Damit nicht genug, machte ich andere Nationen dafür verantwortlich, dass mein Volk unterdrückt und verfolgt wurde und mein Volk dafür, dass es dies einfach so hinnahm. Meine *taktlosen* Worte waren harsch und verletzend. Überwältigt von Schuldgefühlen und Angst bat ich um Vergebung und verbrachte die folgenden Wochen damit, mich selbst zu bestrafen und es allen um mich herum recht zu machen. Aber mein zuvorkommendes Verhalten machte – ähnlich wie mein gnadenloses Verurteilen – die Dinge eher schlimmer als besser.

Erst als meine Großtante mich zu einer örtlichen *Friedens*gruppe mitnahm, änderte sich mein Leben. Ich hatte nie zuvor erlebt, dass Männer und Frauen sich mit Ehrlichkeit und Respekt begegneten, einander mit offenem Herzen zuhörten und sich gegenseitig unterstützten und inspirierten. Niemand hielt mit seiner Meinung hinter dem Berg und keiner griff den anderen wegen seiner Ansichten an. Zum ersten Mal erlebte ich die Art von *Frieden* und Liebe, nach denen ich mich mein ganzes Leben lang gesehnt hatte. In diesem geschützten Raum und mithilfe meiner Großtante konnte ich meinen Schutzwall fallen lassen. Endlich war ich bereit, mir den Schmerz, die Machtlosigkeit und die Einsamkeit anzusehen, die ich vor mir selbst und dem Rest der Welt verborgen hatte. Lange Jahre habe ich daraufhin diese Friedensorganisation geleitet. Mittlerweile stelle ich fest, dass *Frieden* zu meinem ständigen Wegbegleiter geworden ist.

MEINE BOTSCHAFT AN DICH

Ich bin hier, um Dich dazu einzuladen, dass Du Deine Abwehrhaltung aufgibst. Verschanze Dich nicht länger hinter einem Schutzwall. Hör auf, gegen Deine Menschlichkeit anzugehen und weigere Dich nicht länger, Deine inneren Dämonen anzusehen, zu spüren und anzunehmen. Es ist möglich, die Gefühlswogen in Deinen persönlichen Beziehungen und in der Welt zu glätten, ohne dabei die Wahrheit zu unterdrücken oder zu vermeiden. Die scheinbar unüberwindlichen Hürden auf dem Weg zum *Frieden* können überwunden werden. Du trägst das Wissen in Dir, wann es an der Zeit ist zu handeln, das Wort zu ergreifen und aus dem Herzen heraus deutliche Worte zu finden. Der wahre Pfad von *Frieden* und *Diplomatie* erfordert, dass Du Deinen eigenen Schwächen unerschrocken ins Auge blickst und sie annimmst. Schütze Dich nicht vor Deinen tiefsten Empfindungen, und Du wirst feststellen, dass Dein Timing, Deine Kommunikation und

Deine Beziehungen sich verbessern werden. Andere werden sich Dir ganz von selbst anvertrauen und Du wirst genau spüren, was sie gerade brauchen – und das selbst in schwierigen Gefühlssituationen. Schon allein durch Deine Anwesenheit kannst Du bewirken, dass sich die Energie in einem Raum oder in einer Beziehung von *konfliktgeladen* zu *friedvoll* wandelt.

FRAGEN ZUR KONTEMPLATION

- Wie gehst Du mit unangenehmen Gefühlen um? Versuchst Du sie durch *Friedenstiften* zu vermeiden oder indem Du überreagierst und *Konflikte* verschärfst?
- Gibt es derzeit einen *Konflikt* in Deinem Leben oder einen Ort, an dem Du besonders in die Defensive gehst und Dich hinter einem Schutzwall verschanzt?
- Was befürchtest Du könnte passieren, wenn Du Dich weniger stark bemühen würdest es bestimmten Menschen recht zu machen?
- Wie kannst Du mehr Verantwortung für Deine Gefühle übernehmen und sie offener und ehrlicher ausdrücken?
- In welchen Bereichen Deines Lebens ist ein wenig mehr Diplomatie gefragt?
- Such Dir eine einfache Möglichkeit, heute in Deinem Leben *Frieden* zu fördern.

*Wer wahrhaft führen will,
muss vor allem zuhören können.*

Gabe: Anleitung
Schatten: Spaltung
Siddhi: Tugend
Programmierungspartner: 13

~ Richard Rudd

MEINE WEISHEITSGESCHICHTE

Als Kind vertraute ich den friedliebenden Ältesten meines Stammes und sah zu ihnen auf. Doch während ich heranwuchs, geriet mein Volk durch Einflüsse von außen immer stärker unter Druck. Neue Führer tauchten auf, die glaubten es sei nun an der Zeit, zu den Waffen zu greifen und zurückzuschlagen.

Zuerst *versteckte* ich mich. Ich gab meine Macht an die Ältesten ab, die die friedliebenden Bräuche unserer Vorfahren weiterführten. Aber als unser Stamm wieder und wieder angegriffen wurde, ergriff ich zunehmend die Partei der neuen Führer, die sich wehrten und zurückschlugen. Ich musste mit ansehen, wie sie unseren Feinden immer ähnlicher wurden und unser Dorf sich *spaltete*. Ich beschloss, meine Macht nicht länger *Diktatoren* zu überlassen, die sich nicht einmal die Mühe machten mich zu fragen, was ich dachte oder fühlte. Ich wollte nicht länger darauf warten, dass andere die Dinge schon irgendwie regeln würden. Also übernahm ich eine Führungsrolle und begann für mein Volk und eine gerechte Welt zu kämpfen.

Im Laufe der Jahre zog ich viele Menschen an, die mir folgten. Ich war mir stets sicher, auf der richtigen Seite zu stehen und entwickelte einen starken Ehrgeiz, der durch eine Wut geschürt wurde, die ich mir lange Zeit nicht eingestand. Eines Tages beschimpfte ich eine junge Frau, weil sie mir nicht zugehört und meinen Rat nicht befolgt hatte. Die Tränen in ihren Augen zeigten mir, wie weit ich vom rechten Pfad abgekommen war. Von diesem Tag an hörte ich auf andere *anzuleiten* und begann zuzuhören. Ich entdeckte, dass jedes Mitglied unserer Gemeinschaft über seine eigene Weisheit verfügte und einen wichtigen Beitrag zum Weg unseres Volkes leisten konnte.

Heute beherrscht mich weder die Angst vor Unterdrückung noch der Wunsch, Anerkennung von außen zu erfahren. Nicht jeder muss meine Art zu führen verstehen oder warum ich was tue. Der treibende Faktor in meinem heutigen Leben ist eine tiefe Liebe zum Dienen und der Glaube, dass eine echte Gemeinschaft nur dann existieren kann, wenn alle ihre Mitglieder gesund, frei und unabhängig sind.

Wenn ich Gruppen leite, dann nehme ich mich bewusst zurück und stelle fest, dass so die Weisheit und die Gaben der Teilnehmenden ganz von selbst zu Tage treten. Je weniger ich meine Pläne für die Gruppe durchzusetzen suche, umso tiefgehender sind die Gespräche, umso transformativer ist das Geschehen und umso reibungsloser klappt die Umsetzung der Vision. Auf dem Weg in unsere gemeinsame Zukunft wird es immer mehr Führer und Führerinnen wie mich geben. Ich weiß, dass es so kommen wird. Deshalb bewahre ich selbst in schwierigen Zeiten ein festes Vertrauen in die Menschheit.

MEINE BOTSCHAFT AN DICH

Ich bin hier, um Dir zu sagen, dass wahre *Führungskraft* nichts damit zu tun hat, mit Zwang Pläne durchzudrücken oder sich in das Leben anderer einzumischen. Es geht vielmehr darum, hinter den Kulissen die Fäden zu ziehen und andere zu bestärken. Lass Dich nicht von der Angst vor Unterdrückung oder Liebe zur Macht leiten, sondern eher von einer tiefen Liebe zum Dienen. Ich bin hier, um Dir wahre *Anleitung* zu geben. Ich bin hier, um Dir den weisen, freien Führer in Dir zu zeigen und Dich dabei zu unterstützen, dass Du Deiner eigenen Richtung vertraust. Ich höre zu.

FRAGEN ZUR KONTEMPLATION

- Wohin – oder an wen – gibst Du Deine Macht ab?
- Wer hat seine Macht an Dich abgegeben? Ist es vielleicht an der Zeit, sie zurückzugeben?
- Gibt es Bereiche in Deinem Leben, in denen Du versuchst mit Macht Deine eigenen Vorstellungen durchzusetzen? Bist Du bereit, stärker auf die Bedürfnisse anderer zu hören?
- Wie würdest Du der Welt am liebsten dienen?
- Wo wird Deine liebevolle *Anleitung* gerade am meisten gebraucht?
- Denke an eine Person in Deinem Leben, die eine bestärkende, mitfühlende und *tugendhafte* Führungspersönlichkeit war. Welche Eigenschaften hast Du an dieser Person am meisten geschätzt? Wähle die Eigenschaft aus, die Du heute bewusst in Deine Art des Seins, Zuhörens und Handelns integrieren willst.

*Bei Stil geht es um mehr als nur den äußeren Schein.
Er ist der Wegbereiter der Schöpfung selbst.*

Gabe: Stil
Schatten: Mittelmäßigkeit
Siddhi: Vorzüglichkeit
Programmierungspartner: 14

~ Richard Rudd

MEINE WEISHEITSGESCHICHTE

Als ich ein kleines Mädchen war, sang ich den ganzen Tag lang, ganz gleich wo ich gerade war. In mir war so viel Musik, dass sie förmlich aus mir heraus zu fließen schien. Meine Mutter zog mich alleine groß. Sie war taub und konnte mich daher nicht singen hören. Sehr wohl aber sah sie die überraschten und manchmal auch missbilligenden Blicke auf den Gesichtern der Menschen, denen wir begegneten, wenn wir gemeinsam unterwegs waren. Sie selbst war so sehr bemüht sich anzupassen und nicht aufzufallen, dass mein Singen ihr peinlich war und Sorgen bereitete. Also brachte sie mich zum Schweigen, wenn wir unterwegs waren und steckte mich in eine Schule, in der Singen verboten war. Ich verstand instinktiv, dass sie versuchte mich zu beschützen. Und ich liebte sie sehr. Also lernte ich meine Stimme zum Schweigen zu bringen und mich anzupassen.

Schon bald unterschied ich mich in nichts mehr von den anderen. Ich war eine gute Schülerin, nette Klassenkameradin, gehorsame Tochter – ein Paradebeispiel an *Mittelmäßigkeit*. Ich hielt mich an alle Regeln. Meine Lehrer mochten mich. Meine Mutter war stolz auf mich. Und als junge Frau hatte ich alles, was man mich anzustreben gelehrt hatte. Ich war ein respektiertes Mitglied der Gesellschaft, hatte einen gut bezahlten Job, meine Fingernägel waren manikürt und ich war stets nach der neusten Mode gekleidet.

Aber all das war *künstlich*. Als meine zweite Ehe in die Brüche ging, konnte ich mir nicht mehr länger vormachen, ich sei glücklich. Ich fühlte mich wie gefangen, nahezu *hölzern*. An der Oberfläche hatte ich ein glamouröses Leben, aber es war wie ein Abziehbild – flach. Da war kein echter Glanz, kein echtes Strahlen. Bis ich eines Tages an einem Park vorbeiging, in dem sich eine Menschenmenge versammelt hatte – Typen, die ich normalerweise mied wie die Pest. Sie trommelten und tanzten in einem Kreis, und das mit solcher Unbekümmertheit und Hingabe, dass es sie überhaupt nicht zu stören schien, dass ihnen jemand dabei zusah. Irgendwer nahm mich an der Hand und zu meiner eigenen Überraschung sprang ich in die Mitte des Kreises, schloss meine Augen und überließ meinen Körper der Musik. Ich begann zu singen – und fühlte mich endlich wieder lebendig. Ich war zu glücklich und zu erschrocken über mich selbst, um den Applaus zu hören.

Das ist nun schon eine ganze Weile her. Ich habe einige Jahre gebraucht, um den Mut, den ich an jenem Tag verspürte, zu einem Teil meiner selbst zu machen und sowohl meine Versagens- als auch meine Erfolgsängste zu überwinden. Mittlerweile singe ich wieder, wo auch immer ich bin – immer wenn meiner stürmischen und mitunter auch rebellischen Seele danach ist. Und diese Freiheit erstreckt sich nicht nur auf das Singen, sondern auch auf mein Denken.

MEINE BOTSCHAFT AN DICH

Ich habe so eine Ahnung, dass in Dir eine Stimme steckt, die gehört werden will. Ich bin hier, um Dich zu ermuntern, dass Du Dir keine Gedanken mehr darüber machst, wie und wo Du hineinpasst. Trau Dich originell zu sein anstatt Trends zu folgen. Sei ein Rebell für eine gute Sache. Vertrete Deinen eigenen *Stil*, der tief aus Deinem Inneren kommt. Wenn ich sehe wie Du etwas tust, dass andere für verrückt oder „abgedreht" halten, dann weiß ich, dass Du genau so richtig bist, wie Du bist. Vielleicht werden sich einige von Dir abwenden. Ich weiß, dass dies schmerzlich sein kann. Ich kann Dir jedoch versprechen, dass dafür andere in Dein Leben treten werden, die durch Deinen Stil so sehr inspiriert werden, dass sie sich anstecken lassen und ebenfalls beginnen, sich selbst zu leben. Also beginne Dich damit wohlzufühlen, dass Du eher ein Paradiesvogel bist als ein Schaf in der Herde. Vertraue darauf, dass die Welt Dich irgendwann einholen wird. Ganz gleich, wo Deine Leidenschaft liegt, gib Ihr Raum. Setze sie frei. Und erwarte nichts weniger als *Vorzüglichkeit*.

FRAGEN ZUR KONTEMPLATION

- Auf welche Weise hast Du gelernt Dich anzupassen, wie alle anderen zu sein?
- Wo passt Du Dich immer noch an, auch wenn Du insgeheim ausbrechen möchtest?
- Was würdest Du tun, wenn es Dir egal wäre, was andere von Dir denken? Gibt es ein Risiko, von dem Du schon lange träumst es einzugehen? Ein Risiko, das im Dienste einer Leidenschaft steht und bei dem Du Angst hast zu versagen (oder erfolgreich zu sein)? Wovor genau hast Du Angst?
- Wo erhältst Du Unterstützung und Ermutigung?
- Wie kannst Du Deinen ganz eigenen kreativen *Stil* hervorlocken?
- Vervollständige den folgenden Satz: „Wenn ich in meiner *Vorzüglichkeit* bin, bin ich…" Wiederhole den Satz so oft Du magst und schreibe alles, was Dir dazu einfällt, in Dein Notizbuch.

All die kleinen Handlungen, die aus dem Herzen kommen, münden Stück für Stück in eine innere Bewegung, die irgendwann nicht mehr zu stoppen ist.

Gabe: Entschlossenheit
Schatten: Trägheit
Siddhi: Unbesiegbarkeit
Programmierungspartner: 16

~ Richard Rudd

MEINE WEISHEITSGESCHICHTE

Mir war schon immer bewusst, dass in mir eine Göttin schlummerte. Daher konnte ich es kaum erwarten, meine leidenschaftliche Berufung und die perfekte Liebesbeziehung zu finden. Ich winkte ab, wenn man mir aufzählte, welche Schritte zum Erreichen eines Zieles notwendig waren, denn diese erschienen mir einfach nur öde und langweilig. Ich war so bemüht, die Gegenwart hinter mir zu lassen und endlich in der Zukunft anzukommen, dass ich mich in eine aufregende Sache (und Beziehung) nach der nächsten stürzte und dabei jedes Mal hoffte, dass meine Träume sich nun endlich erfüllten. Wenn das mal wieder nicht der Fall war, fand ich sofort *Ablenkung* in einer neuen aufregenden Vision.

Lange Zeit war ich rast- und ruhelos. Ich beendete jede Beziehung, sobald die Anfangsverliebtheit vorbei war und der Alltag einkehrte. Mehr und mehr meiner Zeit war angefüllt mit sinnloser Aktivität, bis ich so demoralisiert war, dass ich beschloss, meine Träume aufzugeben und ein „normales Leben" zu führen. Anstatt mit einem aufregenden Mann die Welt zu bereisen, heiratete ich einen lieben Freund, bekam Kinder und war Hausfrau und Mutter. Obwohl ich meine Familie sehr liebte, empfand ich mein Leben als unerträglich banal. Ich bewertete selbst die kleinsten, unbedeutendsten Momente kritisch und versank gleichzeitig in einer allumfassenden *Trägheit*. Erdrückt von zahllosen Aufgaben und Pflichten fühlte sich mein Leben hoffnungslos und trostlos an.

Als meine Kinder größer wurden und ich mehr Zeit für mich fand, tauchten alte Träume wieder auf. Aber ich schob sie rasch beiseite und sagte mir, dass ich wohl kaum gleichzeitig „Mama" und „Göttin" sein konnte. Ich hatte kein rechtes Ziel und zögerte, meine Komfortzone zu verlassen. Dann schenkte mir meine Familie zum Muttertag ein Bild, auf dem ich mit recht eigenwilligen Insignien königlicher Macht ausgestattet war – in der einen Hand hielt ich einen Besen, in der anderen einen Pinsel und ich war umgeben von lachenden Kindern. Das Bild trug den Titel „Das Göttinnen-Camp". Als ich in ihre liebevollen Gesichter blickte, ging mir plötzlich ein Licht auf und mein Weg lag klar vor mir. Natürlich waren Zeit, Einsatz und eine Unmenge kleiner (und nicht gerade aufregender) Schritte erforderlich, bis das Camp stand. Aber mittlerweile empfinde ich jeden noch so banalen Schritt als einen wichtigen Teil eines großen Abenteuers. Und über einen Mangel an Erfüllung kann ich wirklich nicht klagen.

MEINE BOTSCHAFT AN DICH

Es ist an der Zeit alles, was Du tust, aus dem Herzen heraus zu tun, ganz gleich wie banal es Dir auch erscheinen mag. Denk daran, dass jede bewusste Handlung ihre eigene Magie besitzt. Wahre *Entschlossenheit* hat nichts mit Kampf zu tun oder damit, etwas gewaltsam voranzutreiben. Es geht vielmehr darum, sich in seinem Herzenswunsch zu erden. Es geht darum, Schritt für Schritt durch liebevolle Taten eine natürliche Dynamik entstehen zu lassen. Vielleicht musst Du zu Beginn einer Aufgabe ein wenig Willenskraft aufbringen, wenn Du bemerkst, dass Du *zögerlich* bist oder Dich auf gewohnte Weise *abzulenken* versuchst. Aber sobald Du einmal in Bewegung bist, wird das gesamte Universum, einschließlich Deines Körpers, ebenfalls in Bewegung geraten und es entsteht ein Fluss der Unterstützung, dem Du Dich einfach nur anvertrauen musst. Bald schon wirst Du erkennen, wie jeder Moment Deines Lebens mit Deinen innersten Träumen verbunden ist. Also höre auf Dein

Herz. Gib dem Praktischen oder dem Schönen den Vorrang und vergiss den Rest. Es ist im Grunde ganz einfach.

FRAGEN ZUR KONTEMPLATION

- Fühlst Du Dich häufig gefangen im Banalen beziehungsweise versuchst Du häufig ihm zu entkommen?
- Wo wünschst Du Dir mehr Bewegung in Deinem Leben? Wer oder was könnte Dir helfen, die *Trägheit* zu durchbrechen und in Gang zu kommen?
- Wenn Du einen Traum aus den Augen verloren hast, dann finde heute drei Möglichkeiten, wie Du Deine Zeit mit Schönheit verbringen kannst. Bewege Deinen Körper.
- Wenn Du um jeden Preis versuchst, Praktisches zu vermeiden, dann wähle drei einfache Aufgaben, die Du heute erledigen willst, und entdecke die Magie darin. Genieß es, Dich danach auszuruhen.
- Wann hast Du Dich schon einmal *unbesiegbar* gefühlt? Beschreibe das Gefühl in Deinem Notizbuch oder zeichne etwas dazu.

*Sobald Du einmal verstanden hast,
dass Du weder Dein Name bist,
noch Deine Handlungen, Gefühle oder Meinungen,
wird Dir bewusst werden, dass die menschliche
Natur viel größer und weiter ist als Du jemals vermutet hast.*

Gabe: Natürlichkeit
Schatten: Selbstsucht
Siddhi: Sein
Programmierungspartner: 15

~ Richard Rudd

MEINE WEISHEITSGESCHICHTE

Ich wuchs mit Eltern und in einer Kultur auf, die die Gemeinschaft stets über den Einzelnen stellten. Als junges Mädchen war ich folglich Meisterin in der Kunst der *Selbstverleugnung* und Unauffälligkeit. Ich lebte durch und für die Menschen um mich herum.

Irgendwann jedoch hatte ich das Gefühl zu ertrinken, keine Luft mehr zu bekommen. Ich konnte die Wut, die sich in mir angestaut hatte, nicht länger leugnen. Schlagartig wurde mir bewusst, dass mein Überleben nicht mehr davon abhing, dass ich mich still und unauffällig verhielt. Ich war vielmehr gefordert, meine Familie und die Art, in der sie mich konditionierte, um jeden Preis abzulehnen. Ich wollte mich nicht länger verleugnen, und so war ich zunächst vollkommen auf mich fixiert. Ich wollte mich selbst kennenlernen, ich selbst sein, mich kleiden wie ich selbst, handeln wie ich selbst und sogar beten und mit höheren Mächten kommunizieren wie ich selbst. Um zu lernen, wie man wahrhaft zum Individuum wird, wandte ich mich der westlichen Lebensweise zu.

Ich wurde so gut darin, *Ich* zu sein, dass niemand meinen Schutzwall aus *Selbstbezogenheit* durchbrechen oder gar mein Herz erreichen konnte. Ich konnte es mir nicht leisten sensibel zu sein oder mir Gedanken darüber zu machen, welche Auswirkungen mein Verhalten auf andere hatte. Ich hatte das Gefühl, die meisten Menschen wollten mich sowieso nur verändern oder in eine Schublade stecken.

Erst als alle meine Beziehungen in die Brüche gingen, wurde

mir meine *Selbstsucht* bewusst. Es erforderte Mut zu sehen und zuzugeben, wie wütend, paranoid und unzugänglich ich war und wie sehr ich andere Menschen aus der Angst heraus, mich selbst verbiegen zu müssen, auf Abstand gehalten hatte.

Heute empfinde ich großes Mitgefühl für mich und andere. Schließlich sind wir alle auf der Suche nach unserem Lebensweg und wollen unsere wahre Natur leben. Ich habe Jahre gebraucht, bis ich mich sicher genug fühlte, um mich aus all den Identitätsfallen zu befreien, die ich auf meinem Lebensweg angesammelt hatte. Erst dann konnte ich vollends verstehen, dass meine wahre Natur sich jeder Definition entzieht.

Heute weiß ich, dass wir uns nur dann als Einheit erfahren können, wenn wir uns erlauben einzigartig zu sein und unser *natürliches* Selbst zu leben.

MEINE BOTSCHAFT AN DICH

Ich sehe, dass Du Dich bemühst herauszufinden, wer Du bist. Und ich weiß, wie schwierig es sein kann, diese zutiefst menschliche Frage zu beantworten. Vergiss auf der Suche nach Dir selbst nicht, die Reise zu genießen. Der Moment wird kommen, in dem Du all dies einfach wirst loslassen können. Am Ende bist Du weder das, was Du tust noch das, was Du weißt. Du bist nicht Deine Gedanken, Gefühle oder Meinungen. Auch Dein Aussehen oder Deine Stellenbeschreibung haben nichts damit zu tun, wer Du bist. Je stärker Dir diese Wahrheit im Laufe der Zeit bewusst wird und je mehr Du aufhörst, mit Deinem Leben zu hadern, umso geerdeter, präsenter und freudiger wirst Du – und umso entspannter, freier und lockerer. Was immer in Deinem Herzen liegt, was immer Du tun oder ausdrücken sollst, wird einfach von selbst und ganz *natürlich* in Dir aufsteigen. Ich bin hier, um Dich daran zu erinnern, dass Du viel wunderbarer bist, als Dein Verstand es sich je ausdenken könnte und dass es Deine wahre Natur ist, zu erblühen und Deinen Teil zu dem wunderbaren Garten beizutragen, dem wir alle angehören. Akzeptiere den Applaus, steh Dir selbst nicht länger im Weg und lass es einfach geschehen.

FRAGEN ZUR KONTEMPLATION

- Wo machst Du Kompromisse oder verlierst Dich selbst in anderen?
- Wo bist Du *selbstbesessen* oder hängst zu stark an einer Identität, einer Denkweise oder einem Handlungsmuster?
- Wo spielst Du womöglich immer noch den Märtyrer? Wo musst Du aufhören, Kompromisse einzugehen?
- Denk zurück an eine Zeit, in der Du wahre *Natürlichkeit* erlebt hast und Dich vollkommen wohl in Deiner Haut fühltest. Was an dieser Situation hat die *Natürlichkeit* in Dir bewirkt?
- Auf welche Weise kannst Du Dein Selbstgefühl oder das Gefühl von *Sein* erweitern? Notiere Dir Ideen hierzu in Deinem Notizbuch.

Idealismus ist der ständige Fluss des archetypischen Gedächtnisses in die Welt der Formen.

Gabe: Idealismus
Schatten: Dunkelheit
Siddhi: Licht
Programmierungspartner: 12

~ Richard Rudd

MEINE WEISHEITSGESCHICHTE

Zuhause wurde ich stets ermutigt, meiner Fantasie freien Lauf zu lassen. Ständig erfand ich Geschichten und lebte sie aus. Das war wunderbar. Wenn ich allerdings in der Schule dabei erwischt wurde, wie ich träumend aus dem Fenster schaute, sagte man mir, ich solle aus meinem Wolkenkuckucksheim herunterkommen, mich konzentrieren und weniger weltfremd sein. Also lernte ich rasch, meine Fantasien für mich zu behalten.

Lange Zeit wusste niemand, wie wenig ich mich für das so genannte „wahre Leben" interessierte, das mir im Vergleich zu meinem *Fantasie*leben so arm an Wundern erschien. Allein meine Eltern spürten, dass etwas nicht stimmte und sie begannen sich Sorgen zu machen. Sie brachten mich zu einem ebenso besorgten Arzt, der Pillen und Verhaltensregeln verschrieb, um meine Fantasievorstellungen zu beenden und mich zurück auf den Boden der Tatsachen zu bringen.

Eine Zeit lang schien das zu funktionieren und ich konnte die Pillen irgendwann absetzen. Langsam setzte meine Fantasie wieder ein. Dieses Mal behielt ich meine Träume nicht für mich, sondern versuchte verzweifelt sie umzusetzen – aber das Ergebnis konnte nie mit meinem ursprünglichen Idealbild mithalten. Machtlos und wütend versuchte ich meine Fantasie zu unterdrücken, doch je mehr ich dies tat, umso düsterer wurden meine Vorstellungen. Die Dämonen, die mich in meinen Träumen verfolgten, wurden zu den Menschen, mit denen ich mich traf. Ständig geriet ich in die gleichen schrecklichen Situationen, speziell in meinen Beziehungen zu Männern. Es wurde so schlimm, dass ich mit dem Gedanken spielte, mir das Leben zu nehmen.

Zum Glück hatte ich eines Nachts einen Traum, in dem ein Eisbär auf mich zukam, mit einem goldenen Notizbuch, einem Stift und Farben in seinem Maul. Gleich am nächsten Tag lief ich zum Laden und startete mein erstes von mittlerweile über einhundert Kunsttagebüchern. Ich zeichnete Bilder, schrieb Gedichte und malte alle Gefühle und Visionen, die ich mir nicht eingestehen wollte. Ich lernte den Bildern zu vertrauen, die mir in den Sinn kamen. Heute habe ich immer ein Medium, in dem ich meiner Fantasie freien Lauf lassen kann. Und stelle fest, dass ich meine tiefsten Träume ganz von selbst verkörpere und in die Welt bringe.

MEINE BOTSCHAFT AN DICH

Ich bin hier, um Dich an die Kraft und das unglaubliche Potenzial Deines empfänglichen, fantasiereichen, weiblichen, magischen, träumenden Geistes zu erinnern. Ich gebe Dir die Erlaubnis, mit Deiner rechten Hirnhälfte zu spielen, dem Reich der Bilder, Archetypen und Fantasien. Vertraue darauf, dass am Ende alles ein Symbol ist. Was auch immer Dir in den Sinn kommt, Du solltest es weder bewerten noch Dich zu stark damit identifizieren oder es in irgendeine vorgegebene Form pressen wollen. Verurteile Dich nicht für die ungewöhnlichen oder optimistischen Vorstellungen, die Du hast. In unserer heutigen Welt wird uns häufig beigebracht, Idealisten als naiv, schwach und fehlgeleitet anzusehen, als Menschen, die den Kontakt zur Realität verloren haben. Sicherlich braucht es irgendeine Art von Struktur, damit sich *Idealismus* in der Welt manifestieren kann. Aber ohne unsere Ideale zu kennen oder unsere Träume anzuerkennen, wie könnten wir da etwas von echtem Wert in die Welt bringen? Damit die Welt wieder ins Gleichgewicht kommt, benötigen wir Menschen wie Dich, die die Fähigkeit zu *magischem Realismus* besitzen. Es geht am Ende darum, dass Dein wunderbar offener Geist ebenso viel

Achtung und Anerkennung erfährt wie die logischen Pläne, die Dein scharfer Verstand in der linken Hirnhälfte entwirft!

FRAGEN ZUR KONTEMPLATION

- Neigst Du dazu, Dich zu sehr in *Fantasien* zu verlieren oder Deine Träume nicht ernst genug zu nehmen?
- Gilt es womöglich eine *Fantasievorstellung* loszulassen, die Dich davon abhält, Dein jetziges Leben zu leben und zu genießen?
- Ist es vielleicht an der Zeit, einen alten (eventuell „verbotenen" oder „unrealistischen") Traum aus der Schublade zu holen und ihm Ausdruck zu verleihen?
- Finde eine Art von Totem für die Qualität des *Lichts*, in dem die Energie eines Deiner tiefsten Träume oder Ideale steckt. Finde eine Möglichkeit, es zu tragen oder ständig bei Dir zu haben, damit Du immer Zugriff auf diese Energie hast.

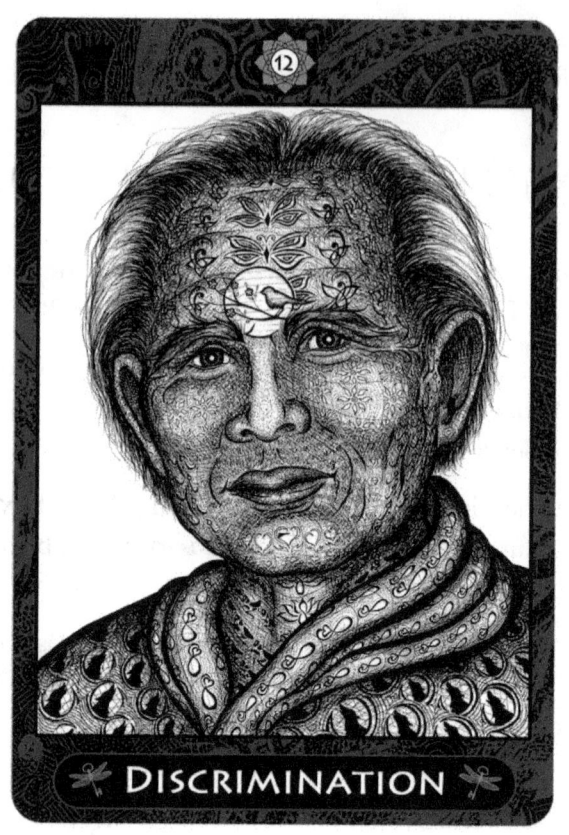

*Unterscheiden zu können bedeutet,
dass Du in Deinem Inneren spürst,
was und wer in Deinem Leben gut für Dich ist.*

Gabe: Unterscheidung
Schatten: Eitelkeit
Siddhi: Reinheit
Programmierungspartner: 11

~ Richard Rudd

MEINE WEISHEITSGESCHICHTE

Schon von Geburt an galt ich als alte, weise Seele. Es schmerzte mich, die Brutalität und Böswilligkeit der Menschheit zu sehen und es fiel mir leicht, die Ängste und die Torheit der Menschen um mich herum zu durchschauen.

Ich wusste instinktiv, dass es mehr im Leben geben musste, also begann ich meine spirituelle Suche. Viele Jahre lernte ich von weisen Lehrern, beobachtete meine Gedanken und meisterte meine Gefühle. Je weiter ich fortschritt, umso klarer wurden meine Gedanken, mein Ausdruck nahm künstlerische Formen an und meine Kommunikation war makellos.

Jeder äußerte sich über meine ruhige und angenehme Natur. Um mich herum sah ich Menschen, die von ihren fehlgeleiteten Versuchen gut auszusehen und erfolgreich zu sein aufgezehrt wurden. Ich sah zu, wie sie blind an begrenzten Systemen und Vorstellungen hingen und war dankbar, dass ich nicht länger in diesem traurigen und sinnlosen Spiel gefangen war.

Doch eines Tages wurde mir bewusst, dass sich hinter meiner Dankbarkeit Stolz verbarg und noch tiefer liegend eine subtile *elitäre* Verachtung all jener, die nicht meinen Grad an spiritueller Bewusstheit und Nichtanhaftung erreicht hatten.

Die gleiche *Eitelkeit*, die ich in der Welt gesehen hatte, lebte auch in mir. Diese umwälzende Erkenntnis führte gleich zur nächsten. Mir wurde bewusst, dass diese *Eitelkeit* umso subtiler ihre Form veränderte und sich breitmachte, je stärker ich sie zu überwinden oder abzulehnen suchte. Erst als ich mich mit meinem sehr menschlichen Bedürfnis, mich als etwas Besonderes zu fühlen aussöhnte, konnte ich die Gabe dahinter erkennen und die enorme Rolle, die sie in der evolutionären Entwicklung der Menschheit gespielt hat.

MEINE BOTSCHAFT AN DICH

Ich möchte, dass Du weißt, dass Eitelkeit ein notwendiger und wunderbarer Teil des Menschseins ist. Wie könntest Du ohne eine Liebe zu Deiner Einzigartigkeit Deine intelligenten Flügel entfalten, Dich an Deiner persönlichen Stärke erfreuen und Deine wundervollen Fähigkeiten zum Ausdruck bringen?

Am Ende werden wir feststellen, dass wenn wir uns alle wahrhaft selbst lieben, wir auch alle anderen lieben müssen, denn wir sind eins. Für den Moment jedoch wünsche ich Dir, dass Du Dir keine Gedanken mehr darüber machst, was Du tun kannst und solltest, um Deine Eitelkeit zu überwinden. Erlaube es Dir lieber, Dich in Deine eigene Authentizität zu verlieben, ebenso wie in die Authentizität anderer. Lerne, das Echte vom Falschen zu *unterscheiden* und finde heraus, was und wer Dir gut tut. Transformiere Deinen inneren Wunsch, Dich selbst in eine künstliche Form zu pressen. Und spreche aus dem Herzen heraus. Der Rest kommt ganz von selbst.

FRAGEN ZUR KONTEMPLATION

- Welche Masken trägst Du im alltäglichen Leben? Was befürchtest (oder hoffst) Du wird passieren, wenn Du die Maske abnimmst?
- Wie drückt sich Dein inneres *elitäres* Selbst aus? Denkst Du manchmal Du wärst weiter als andere? Behältst Du diese Gedanken für Dich oder kommen sie zuweilen mit einer gewissen *Häme* zum Ausdruck? Sei ehrlich.

- Bist Du gut im *Unterscheiden*? Weißt Du, wer oder was gut für Dich ist? Woher weißt Du es?
- Beginne Dir zuzuhören, wenn Du sprichst. Achte darauf, wie häufig Dein *reines* Herz in dem ist, was Du sagst. Wenn der Herzanteil fehlt, dann kann eine Form von *Eitelkeit* vorhanden sein, die Dir nicht dienlich ist.

*Urteilsvermögen beginnt bei jedem Einzelnen,
wenn wir entdecken, wie sehr unser Blick auf andere
mit unseren Gefühlen verknüpft ist. Im Laufe der Zeit wird die
persönliche Sicht klarer und wir gewinnen die Fähigkeit zurück,
anderen und der Welt freier und offener zuzuhören.*

Gabe: Urteilsvermögen
Schatten: Missklang
Siddhi: Empathie
Programmierungspartner: 7

~ Richard Rudd

MEINE WEISHEITSGESCHICHTE

Ich wuchs in einem fundamentalistischen Haushalt auf mit Eltern, die *engstirnig*, voreingenommen und reaktionär waren. Wenn ich etwas äußerte, das nicht in ihr Weltbild passte, oder einfach nur eine optimistische Sicht einnahm, machten sie mich mit Worten nieder oder schlugen mich. Immer hatten sie Recht und ich Unrecht. Um ihre Wut, ihre Verbitterung und ihren Pessimismus auszuhalten, wurde ich zu Wasser – sanft, gehorsam und nachgiebig. Ich opferte mein Rückgrat, um mich sicher zu fühlen. Und ich wurde so gut darin andere glauben zu machen, ich sei nett und lieb, dass ich darüber selbst vergaß, dass ich es nur vortäuschte.

So wuchs ich zur jungen Frau heran und wurde zur *Nachgiebigkeit* in Person. Jeder konnte mich herumschikanieren. Und obwohl ich in meinem Inneren starke Überzeugungen hatte, trat ich nie für sie ein oder bezog Stellung für das, woran ich glaubte. Ich blieb im gleichen Muster stecken und erlebte eine Beziehung nach der anderen, in der ich schikaniert und missbraucht wurde. Alle meine Entscheidungen waren angetrieben von dem Wunsch nach Sicherheit, obwohl ich diese nur selten erreichte und meist eher von *Zwietracht* umgeben war. Ich weigerte mich das zu tun, von dem ich im tiefsten Inneren wusste, dass es getan werden musste.

Das ging so bis zu dem Tag, an dem ich Zeugin wurde, wie mein Mann unsere Tochter unsittlich berührte. Das brachte das Fass zum Überlaufen. Ich konnte meine Gefühle nicht länger verleugnen oder tatenlos zusehen. Der Moment, in dem ich gezwungen war, der Wut, dem Schmerz und der tiefen Hoffnungslosigkeit ins Auge zu blicken, die in meinem Inneren geherrscht hatten, war zugleich der, in dem mein wahrer Lebensweg als Heldin meines Lebens begann. Heute schaue ich mir die menschlichen Dramen, die sich um mich herum abspielen, mit *Empathie*, Mitgefühl und Optimismus an. Ich schreibe Märchen und Kinderbücher, die den mystischen Weg des menschlichen Lebens würdigen. Alle wahren Helden und Heldinnen gehen durch dunkle Nächte der Seele. Transformation und Erlösung sind unvermeidlich, wenn wir bereit sind aufzuwachen, zu differenzieren und wahrhaft zuzuhören.

MEINE BOTSCHAFT AN DICH

Ich bin hier, um Dich aufzuwecken. Wo machst Du immer wieder den gleichen Fehler? Wo weigerst Du Dich zuzuhören und die Konsequenzen Deiner inneren Wahrheit zu akzeptieren? Du wirst erstaunt sein, wie viel Mut Du hast, sobald Du beginnst ehrlich mit Dir zu sein. Es ist Zeit, dass Du beginnst zuzuhören – Dir selbst und anderen. Erlerne die Kunst der *Differenzierung*. Höre auf das, was sich hinter den Worten verbirgt. Höre auf die tieferen Sehnsüchte, Gefühle und Untertöne. Mach Dich beim Zuhören frei von Deiner eigenen individuellen Geschichte. In Deinem Leben und überall um Dich herum findet ein großes mystisches Drama statt und wir alle sind ein Teil davon. Wir alle haben unsere Version der Unterwelt. Wir alle tragen den Stab eines Zauberers, das Schwert eines Kriegers und die Möglichkeit eines glücklichen Endes in uns. Wenn Du beginnst, die märchenhaften Eigenschaften Deines eigenen reichen Lebens zu sehen, wird Dein Optimismus wachsen, ebenso wie Deine *Empathie*, Dein Mitgefühl und Deine Fähigkeit, Held oder Heldin Deines Lebens zu sein. Du bist nicht allein. Ich stehe an Deiner Seite.

FRAGEN ZUR KONTEMPLATION

- Wo hängst Du in einem selbstzerstörerischen Kreislauf fest?
- Wo wünschst Du Dir mehr *Mitgefühl*, von Dir selbst und anderen?
- Finde heraus, auf welche Weise Deine Erfahrung der Welt um Dich herum eingefärbt ist durch mentale oder emotionale Zustände.
- Wie kannst Du Dir selbst und anderen im Alltag mehr Mitgefühl entgegenbringen?
- Gibt es ein Märchen, das eine besondere Bedeutung für Dich hat? Eines, das die Geschichte Deiner Familie oder Kultur widerspiegelt?
- Wenn Du Dein eigenes Märchen schreiben würdest, worum ginge es darin? Wer wäre die Hauptperson? Schreibe ein einfaches Märchen in Dein Notizbuch. Lass die Geschichte auf Dich wirken.

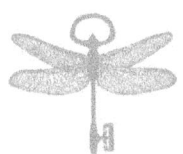

*Kompetenz bringt Effizienz,
Begeisterung, Talent und
Flexibilität mit sich –
die vier Schlüssel zu materiellem Erfolg.*

Gabe: Kompetenz
Schatten: Kompromiss
Siddhi: Freigebigkeit
Programmierungspartner: 8

~ Richard Rudd

MEINE WEISHEITSGESCHICHTE

Ich wurde in meinem Land als Prinz geboren, aber meine Familie musste ins Exil flüchten. Um zu überleben, verleugneten wir unsere Herkunft. So wurden wir zu einer normalen Familie in einer normalen Umgebung. Wir lebten in einem bescheidenen Heim. Ich ging in eine staatliche Schule und man brachte mir bei das anzustreben, was alle wollten. Als junger Mann ging ich wie alle anderen zur Arbeit und strebte nach Stabilität und Erfolg. Ich heiratete, bildete mich fort und arbeitete in guten Jobs. Ich verdiente Geld und bekam Anerkennung. Jede Menge Anerkennung. Nie hatte ich wirklich Freude an meiner Arbeit, aber das erwartete ich auch gar nicht. Das Wichtigste war, sich an die Regeln zu halten, meine Frau gut zu versorgen und auf der Gewinnerseite zu stehen.

Doch je mehr Zeit verging und je mehr Status ich erreichte, umso schwerer wurde mir ums Herz. Ich fühlte mich gefangen und konnte mich für nichts mehr begeistern. Irgendetwas Wichtiges fehlte in meinem Leben. Also beschlossen meine Frau und ich, dass es an der Zeit war, Kinder zu bekommen. Doch ganz gleich wie sehr wir uns bemühten, sie wurde einfach nicht schwanger. Je frustrierter, beschämter und *ohnmächtiger* ich mich fühlte, umso mehr versuchte ich mich im Berufsleben zu beweisen. Für den Erfolg war ich bereit, alle möglichen *Kompromisse* einzugehen. Ich zögerte nicht, meine Gesundheit und meine Ehe aufs Spiel zu setzen.

Je mehr meine Frau und ich uns voneinander entfernten, umso mehr litt mein Körper. Obwohl ich mich stur weigerte, meinem

Schmerz ins Auge zu sehen, konfrontierte meine Frau mich eines Abends damit. Sie blickte in meine müden Augen, packte mich bei den Schultern und rief: „Es reicht! Schluss mit der ständigen Jagd nach Erfolg! Es bringt Dich um. Es ruiniert unsere Beziehung. Und es wird niemals die Leere füllen, die Du in Dir spürst." Dann fragte sie mich ganz rundheraus und liebevoll, was es denn wäre, was ich mir für mich und mein Leben erträumen würde. Wenn ich mir keine Gedanken darüber machen müsste, sie zu versorgen und die Arbeit mich nicht *versklaven* würde, was würde ich dann wirklich wollen? In diesem Moment fiel mir auf, dass ich mir diese Frage in meinem ganzen Leben noch nie gestellt hatte. Ein ganzer Sturzbach von Tränen brach aus mir heraus.

Zusammen mit meiner Frau habe ich gelernt wieder zu träumen. Irgendwann folgten wir dem Ruf unserer Seele, ließen unseren ganzen weltlichen Besitz los und brachen zu einem ungewöhnlichen Abenteuer auf. Aus reiner Begeisterung landeten wir im Land meiner Geburt und hier erwachte schließlich meine wahre *Kompetenz*. Hier bin ich alles andere als normal – ich bin ein König, der sich der Aufgabe widmet, Tausende von heimgekehrten Flüchtlingskindern zu betreuen und zu beschützen. Meine Frau und ich lieben einander und wir lieben unsere Aufgabe. Meine Begeisterung ist so ansteckend, dass die uns anvertrauten Kinder gar nicht anders können, als ihrem Herzen zu folgen.

MEINE BOTSCHAFT AN DICH

Ich bin hier, um Dich an Deine Träume zu erinnern und Dich zu ermuntern, einen ehrlichen Blick auf Dein Leben zu werfen. Es ist an der Zeit, die Leidenschaft in Dir wiederzuerwecken und keine *Kompromisse* mehr einzugehen. Je mehr *Kompromisse* Du machst, umso gefangener wirst Du in einem Leben sein, das mit Dir selbst nur wenig zu tun hat. Du wurdest geboren, um ein reiches, erfüllendes und harmonisches Leben zu führen und Kompetenz zu erleben. Ich kann förmlich vor mir sehen, wie Du Hindernisse überwindest und das liebst, was Du tust. Wie Du zu einem Magnet für andere wirst und auf kreative Weise jede glückliche Begebenheit zu nutzen weißt, die sich Dir bietet. Öffne Dich für die *Freigebigkeit*, die Dich erwartet!

FRAGEN ZUR KONTEMPLATION

- Wo in Deinem Leben gehst Du Kompromisse ein?
- Wo bist Du festgefahren?
- Wo verlierst Du wertvolle Energie?
- Denk an eine Zeit, in der das Feuer in Dir loderte.
- Was bedeutet *Kompetenz* für Dich? Wann hast Du Dich bisher in Deinem Leben am kompetentesten gefühlt?
- Teilst Du Deine Gaben *freigiebig* mit anderen?
- Welcher Traum wartet darauf wieder hervorgeholt zu werden?
- Finde einen Weg, einen Traum wieder zum Leben zu erwecken und heute Deine Fülle mit anderen zu teilen.

Eine der größten Herausforderungen für die heutige Menschheit ist die Entschleunigung.

Gabe: Magnetismus
Schatten: Eintönigkeit
Siddhi: Blüte
Programmierungspartner: 10

~ Richard Rudd

MEINE WEISHEITSGESCHICHTE

Wir lebten schon ewig in dem gleichen kleinen Ort. Ob es nun das feuchtwarme Klima war oder meine Hormone, die verrückt spielten, wie meine Mutter gerne behauptete – eines Sommers störte mich plötzlich alles an meinem Zuhause. Es war nicht so, als würde irgendetwas Schreckliches dort vorgehen. Im Gegenteil! NICHTS ging hier jemals vor. Ich war sicher, dass ich vor *Eintönigkeit* und Langeweile sterben würde. Entweder das, oder ich würde meine Schwester erwürgen, die durch ständige Ablenkung versuchte, der Leere unseres Lebens zu entkommen. Meine Mutter beschwerte sich über meine Einstellung. Vielleicht konnte meine Schwester tatsächlich nicht fünf Sekunden bei einer Sache oder Person bleiben und vielleicht war ihr Verhalten ja wirklich extrem, aber zumindest gab sie sich Mühe. Mir hingegen sei ja alles egal. Ich konnte tatsächlich keinen Sinn darin erkennen, mein Herz an etwas oder jemanden zu hängen. Mein Leben war aussichtslos.

Aber dann sah ich mir meine Hündin Nilly an. Da lag sie, auf der Veranda, mit heraushängender Zunge hechelnd, so glücklich wie man nur sein konnte. Zuerst platzte ich fast vor Neid. Wie schaffte sie es einfach nur da zu sein, vollkommen entspannt, ohne den Wunsch etwas tun oder ändern zu wollen – und dabei auch noch so süß auszusehen!

Bevor ich mich versah, legte ich mich neben sie, lauschte ihrem ruhigen Atem, schaute hinauf in den Himmel und tat einfach nichts... stundenlang! Und in diesem zeitlosen Moment badete ich in so viel *Leere*, dass ich plötzlich angefüllt war von einem Gefühl, das besser war als Glück. Tränen traten in meine Augen und ich drückte Nilly so fest an mich, dass sie kaum noch Luft bekam. Seither, behauptet zumindest meine Mutter, geht ein Strahlen von mir aus. Selbst meine Schwester ist so weit zur Ruhe gekommen, dass wir öfter einfach nur zusammensitzen, auch wenn es dabei gar nichts zu tun gibt.

MEINE BOTSCHAFT AN DICH

Wenn ein Mädchen vom Land wie ich Magie an den eintönigsten Orten entdecken kann, dann kannst Du es auch. Ich bin hier, um Dir zu sagen, dass Du dazu die *Eintönigkeit* nicht bekämpfen darfst, denn dann funktioniert es nicht. Stattdessen musst Du Dich in sie hineinfallen lassen. Du musst Sie mit Deinem ganzen Wesen erfassen und in Dein Herz schließen. Und Du musst gaaaaaanz dringend entschleunigen. Ich weiß, dass das schwierig ist. Es kann sogar Angst machen. Aber wenn Du es lange genug tust (ohne Dich selbst als faul zu verurteilen), dann wirst Du feststellen, dass das Leben an Freude und Lebendigkeit gewinnt und in Deinen Augen wird eine *magnetische Anziehungskraft* aufblitzen. Und dafür braucht es keinen äußeren Anlass.

FRAGEN ZUR KONTEMPLATION

- Versuchst Du der *Eintönigkeit* und den Gefühlen der *Leere* durch eine Vielzahl an Aktivitäten zu entkommen, die Dich nicht wirklich nähren?
- Oder versinkst Du deprimiert und resigniert im Gefühl der *Eintönigkeit*?
- Welche Eigenschaft würdest Du gerne aus Deinem Inneren heraus ausstrahlen?

- Probier einmal aus, wie es sich anfühlt, wenn Du die *Eintönigkeit* vollkommen annimmst. Tu es! Schau, was passiert.
- Verbringe Zeit mit einem vollkommen entspannten Tier. Lerne von ihm.
- Denke an jemanden, den Du kennst und der eine starke *persönliche Anziehungskraft* hat. Wie kann dieses Vorbild Dir helfen, dass auch Du Deine innere Essenz erstrahlen lässt?

*Die Gabe der Vielseitigkeit ist die Fähigkeit, sich alle
notwendigen Fertigkeiten aneignen zu können
und sie für ein einziges Ziel einzusetzen –
zum Wohle der Menschheit und im Dienste des Ganzen.*

Gabe: Vielseitigkeit
Schatten: Gleichgültigkeit
Siddhi: Meisterschaft
Programmierungspartner: 9

~ Richard Rudd

MEINE WEISHEITSGESCHICHTE

Als Kind wurde ich vom Blitz getroffen. Unser Dorfschamane erkannte darin ein Zeichen und nahm mich von da an unter seine Fittiche. Während die anderen Kinder ihre Zeit mit Spielen verbrachten, lernte ich alles über die heilenden Eigenschaften von Pflanzen und den Einsatz von Rasseln und Trommeln. Doch ein Teil meines Herzens fühlte sich stets hingezogen zum Geräusch lachender Kinder und den Geschichten, die die Großmütter des Dorfes erzählten. Nachts träumte ich davon, am knisternden Feuer Essen zu kochen und Geschichten zu erzählen, bei denen die Augen der Kinder sich vor Staunen weiten würden.

Doch wenn ich morgens erwachte, wurde mir stets schmerzlich bewusst, wer ich war und wer ich nie sein würde. Also stürzte ich mich mit Feuereifer in meine schamanische Ausbildung. Ich *machte mir vor*, ich sei auf dem richtigen Weg und dass es mir an nichts fehle. Dann kam der Moment, an dem ich alles gelernt hatte und nur noch die Einweihung in die höchsten Geheimnisse unserer alten Traditionen fehlte.

Ich stand kurz davor, die letzte und höchste Einweihung zu erfahren und meine Berufung anzunehmen, die den Rest meines Lebens bestimmen würde. Am Tag der Zeremonie ergriff mich Panik. Ich hatte das Gefühl, nicht bereit zu sein, nicht gut genug zu sein. Ich lief weg und versteckte mich im Wald. In dieser Nacht, die ich unter Bäumen verbrachte, träumte ich, die Welt geriete aus den Fugen und ich sei außerstande sie zu retten. Als gebrochener Mann kehrte ich in mein Dorf zurück. Ich begann meine heiligen Pflichten zu vernachlässigen und lebte ziellos in den Tag hinein. Ich war sogar so *leichtgläubig* den Nachrichten zu vertrauen, die aus den umliegenden Städten bis in unser Dorf vordrangen und in denen behauptet wurde, unsere unwichtigen alten Zeremonien könnten niemals die Probleme unserer kranken Welt lösen.

Meinem Lehrer entgingen der wachsende Pessimismus und die zunehmende *Gleichgültigkeit* in meinen Augen nicht. Schließlich nahm ich all meinen Mut zusammen und gestand ihm, dass es der Wunsch meiner Seele sei, dem Dorf zu dienen, aber auf eine andere Weise. Zu meinem Erstaunen lächelte er und sagte: „Du bist ein wahrer Schamane, und zwar auf Deine ganz eigene Art. Hör auf Deine Träume. Folge Deinem Herzen. Lass Dir Dein neues Handwerk so sehr in Fleisch und Blut übergehen, dass Du Dein Können überall, für jeden Menschen und zu jedem Zweck einsetzen kannst." Und genau das tue ich. Heutzutage sorge ich überall, wohin ich komme dafür, dass die Bäuche wohlgefühlt sind, die Herzen leichter werden und die Kinder lachen. Ich vertraue auf meine ganz eigene Medizin. Und ich bin glücklich.

MEINE BOTSCHAFT AN DICH

Wenn ich in Deine Augen schaue, sehe ich ein großes Potenzial an Talenten und eine hohe *Vielseitigkeit*. Ich bin hier, um Dich daran zu erinnern, dass zum Nutzen einer Begabung zwar beharrliches Bemühen gehört, jedoch alles viel leichter wird, wenn Du für Deine wahre Leidenschaft oder Berufung eintrittst. Vertraue Deiner Begeisterung. Riskiere es, anders zu sein und neue Wege zu gehen. Lerne die Erwartungen anderer zu enttäuschen. Ich verspreche Dir, dass es immer leichter werden wird, Zeit für das zu finden, was Du wirklich gerne tust. Und Du wirst auch leichter die zu Dir passenden Menschen finden und über Deine Ängste sprechen können. Selbst harte Arbeit wird Dir einfacher von der Hand gehen, weil alles, was Du tust, von Liebe und Leidenschaft getrieben sein wird. Irgendwann werden Dein Wissen und Deine Fähigkeiten zu einem untrennbaren Teil von Dir werden, so dass Du mit dem Leben selbst spielst und improvisierst. Dienst und nachhaltiges Wirken werden ganz von selbst eintreten. Du bist viel weiter als Du denkst.

FRAGEN ZUR KONTEMPLATION

- An welcher Stelle hast Du Dich selbst und die Welt aufgegeben?
- Welche Leidenschaften schlummern in Dir?
- Wo erzählst Du Dir selbst, dass Du noch nicht bereit bist? Auf was wartest Du?
- Welche einfache Maßnahme könntest Du ergreifen, um einen Wunschtraum ein Stück weit auf den Weg zu bringen, der Realität näher zu bringen?
- Welche Deiner Leidenschaft hast Du Dir selbst ausgeredet? Was (oder wer) ist Dir wichtig genug, um dennoch einen Weg zu finden, der Sache oder der Person zu dienen?
- In welchem Bereich hast Du eine natürliche Begabung? Denke an etwas, das Du tun könntest, um eine größere *Meisterschaft* auf diesem Gebiet zu erreichen.

Es ist nicht falsch zu glauben, dass Weitsichtigkeit aus dem Herzen kommt und nicht aus dem Verstand.

Gabe: Weitsichtigkeit
Schatten: Meinung
Siddhi: Allwissenheit
Programmierungspartner: 18

~ Richard Rudd

MEINE WEISHEITSGESCHICHTE

Meinen Eltern war es sehr wichtig, dass ich das Ansehen der Familie mehrte und im Leben viel erreichte. Schon bevor ich überhaupt in die Schule kam, wurde ich abgefragt und auf Bestleistungen getrimmt. Ich erhielt Lob für das Abspeichern von Informationen, das Bestehen von Tests und das Führen strukturierter Diskussionen, wohingegen irrationale Emotionen abgelehnt wurden. Mein Auge für Details half mir Schwachstellen sehr schnell zu erkennen und dank meines kritischen, dogmatischen und *rechthaberischen* Denkens war ich gut darin, Vergleiche anzustellen und immer das richtige Argument parat zu haben, um eine Theorie zu stützen.

Mein Verstand leistete mir hervorragende Dienste und ich war ein guter Schüler, Student, Rechtsanwalt und Sozialkritiker. Ich forschte stets so lange, bis ich mir sicher war, was gut, schlecht, richtig und falsch war. Meine Meinungen waren stets von meinem Gerechtigkeitsgefühl geprägt und wurden im Laufe der Zeit immer humanitärer. Aus Sicht der Menschen um mich herum schien ich ein ungewöhnlich hohes Selbstvertrauen zu besitzen.

Aber tief in meinem Inneren war ich sehr ernst und *selbstkritisch* und nahm alles persönlich. Ich verglich mich ständig mit anderen und befürchtete, sie könnten klüger sein oder mehr wissen als ich. Ich war der tief verwurzelten *Meinung*, ohne mein Wissen und meine Fähigkeiten nicht liebenswert zu sein. Also errichtete ich eine undurchdringliche Mauer um mich herum und weigerte mich, bei Gesprächen etwas anderes als Logik gelten zu lassen, selbst wenn es um Beziehungsprobleme oder andere emotionale Themen ging. Hinter meiner scheinbaren Offenheit und meinen fortschrittlichen Ansichten war ich vor allem eins: wütend. Ich beharrte verbissen auf meinen *Meinungen* wie ein Fundamentalist. Dadurch verlor ich einige Freunde. Aber erst als sich die Liebe meines Lebens aufgrund eines unsinnigen Streits von mir abwandte, wachte ich auf. Und von diesem Moment an wurde mein Verstand zum loyalen und brillanten Diener meines Herzens.

MEINE BOTSCHAFT AN DICH

Ich bin hier, um Dich daran zu erinnern, dass nichts – keine *Meinung*, keine Theorie, kein Dogma und kein Glaube – wichtiger ist als die Liebe. Die einzige Möglichkeit, sich aus dem ungesunden Griff eines von *Meinungen* bestimmten Lebens zu befreien, ist einen Sinn für Humor zu entwickeln. Wahre *Weitsichtigkeit* erfordert, dass Du Dich selbst nicht zu ernst und Dinge, die andere Dir sagen, nicht zu persönlich nimmst. Lache häufiger. Es geht weder darum, Deinen brillanten Verstand außen vor zu lassen noch sollst Du die Muster ignorieren, die Du erkennst oder die Hoffnung aufgeben, die Welt zu verbessern. Es geht vielmehr darum, in der Lage und willens zu sein, jeden Aspekt des Ganzen gleichzeitig zu sehen – und zu fühlen! Du kannst so viele *Meinungen* haben wie Du möchtest, solange Dir eines klar ist: Du bist nicht Deine *Meinung*! Du bist so viel mehr. Du erforschst Herzen und bist hier, um Deinen Beitrag zur Zukunft der Menschheit zu leisten, weil Du die wunderbare Fähigkeit besitzt, gleichzeitig sowohl die Details als auch das große Ganze zu sehen.

FRAGEN ZUR KONTEMPLATION

- Wo gehst Du zu hart mir Dir ins Gericht? Wie kannst Du freundlicher und sanfter mit Dir umgehen?
- Auf welchem Gebiet hast Du womöglich eine *Meinung*, die Du Dich aber nicht zu äußern traust? Wo in Deinem Leben könntest Du mehr Rückgrat zeigen?
- Wo neigst Du dazu, hart zu anderen zu sein? Stehen Deine nachdrücklich vertretenen Meinungen Beziehungen zu anderen im Weg? Kommt es öfter vor, dass Du Deine Meinungen vehement verteidigst oder versuchst, andere davon zu überzeugen?
- Gibt es eine Person, die Du für ihren *Weitblick* bewunderst oder ihre Fähigkeit, das große Ganze zu sehen?
- Was bedeutet *Allwissenheit* für Dich?
- Nimm das Gegenteil einer starken *Meinung*, die Du vertrittst. Suche ernsthaft nach Beweisen, um diesen gegensätzlichen Standpunkt zu vertreten. Sei offen für das, was Du lernst.

Das Geheimnis der Gabe der Integrität ist die Fähigkeit, bei sich zu bleiben und nicht auf das eigene Urteil oder das anderer zu reagieren.

Gabe: Integrität
Schatten: Urteil
Siddhi: Vollkommenheit
Programmierungspartner: 17

~ Richard Rudd

MEINE WEISHEITSGESCHICHTE

Schon als Kind war mir klar, dass etwas verkehrt war an der Art, wie in meiner Gesellschaft mit Frauen umgegangen wurde. Mein Vater ließ meine Mutter nie zu Wort kommen und sie fand sich scheinbar damit ab. Zwar regte sie sich hinter seinem Rücken darüber auf und beschwerte sich, aber sie trat niemals für sich ein und förderte das gleiche Gefühl von *Minderwertigkeit* in mir.

Als Teenager packte mich die Wut. Ich sah das Leben meiner Mutter als traurig und pathetisch an und schwor mir, dass ich nie eine unterdrückte Frau sein würde. Alles, was auch nur entfernt mit „Mutter" zu tun hatte, lehnte ich ab. Ich drückte meine Meinung laut und deutlich aus, brach alle Regeln und nahm es mit der ganzen Welt auf. Ich wurde eine unabhängige Frau und überzeugte Feministin und ließ mich von niemandem herablassend behandeln. Das ging sogar so weit, dass mein Vater drohte mich zu verstoßen. Meine Mutter versuchte die Wogen zu glätten, aber im Grunde ihres Herzens schämte sie sich für ihre ungehörige Tochter.

Ich zog in ein anderes Land und baute mir ein Leben als Aktivistin und Künstlerin auf. Als meine Eltern zu Besuch kamen, sah ich zu, wie mein Vater sich leutselig gab und meine Mutter bemüht freundlich war. Ich fühlte mich beiden unendlich *überlegen* und rollte entweder mit den Augen oder bekam Wutausbrüche. Mir war nicht bewusst, wie sehr ich mich durch das Betrachten meiner Mutter als Opfer selbst zum Opfer machte. Das ändert sich erst, als ich eine Freundin besuchte, um ihre Eltern kennen zu lernen. Genau wie meine Eltern lebten sie eine traditionelle Ehe. Der Vater dominierte das Gespräch. Die Mutter saß nickend und lächelnd daneben. Aber dennoch gelang es meiner Freundin, den Abend mit beiden zu genießen und sich zu amüsieren. Durch ihre Freundlichkeit und das Akzeptieren der Grenzen ihrer Eltern brachte sie das Beste in ihnen zum Vorschein.

Ich begann mich *selbst dafür zu verurteilen*, dass ich meine Mutter so hart verurteilt hatte und dadurch meinem Vater so ähnlich geworden war. Trotz allem, was sie durch uns erlitten hatte, behandelte meine Mutter uns weiterhin mit Respekt und Güte. Nie verlor sie die Beherrschung. Zum ersten Mal in meinem Leben sah ich die Stärke hinter ihrer Verletzlichkeit. Auch wenn es vielleicht besser für sie wäre, stärker für sich selbst einzustehen, verfügte sie über ein Maß an Mitgefühl und Kompromissbereitschaft, das ich bitter nötig hatte. Dank ihr helfe ich heute anderen Menschen, ihre Kindheit aufzuarbeiten und zu verstehen, damit sie ihre Herzen öffnen und mit *Integrität* leben können.

MEINE BOTSCHAFT AN DICH

Ich bin hier, um Dir zu helfen, mit Deiner Kindheit abzuschließen. Es erfordert Mut, sich die Wunden aus der Vergangenheit anzuschauen. Je mehr es Dir gelingt, die Botschaften und Modelle loszulassen, die Dir nicht länger dienlich sind, umso freier wirst Du sein, mit einem weichen, mitfühlenden Herzen das zu sehen und anzunehmen, was Deine Eltern Dir gegeben haben. Wenn Du wahrhaft in Deiner *Integrität* bist, ist es unmöglich, *Urteile* anderer persönlich zu nehmen oder Dich selbst als Opfer Deiner eigenen *Selbstverurteilung* oder der *Urteile* anderer zu sehen. Diesen Weg solltest Du nicht allein gehen, also such Dir Unterstützung. Lass zu, dass Dich ein Freund, eine Therapeutin, ein Mentor oder eine spirituelle Führerin auf Deinem Weg begleitet, wenn Du einen Blick auf die schmerzvollen Erfahrungen wirfst, wegen derer Du Dein Herz verhärtet hast, Dich *minderwertig* oder *überlegen* fühlst oder es versäumt hast, Dich frei auszudrücken und echten Kontakt zu anderen aufzunehmen. Im Laufe der Zeit wirst Du lernen, nicht mit dem Verstand zu urteilen, sondern mit dem Herzen.

FRAGEN ZUR KONTEMPLATION

- Wo neigst Du dazu, Dich anderen gegenüber *unterlegen* oder *überlegen* zu fühlen? Zu wem bist Du hart, auch wenn Du es nicht so gerne zugeben magst?

- In welchem Bereich Deines Lebens verurteilst Du Dich selbst am meisten? Im Vergleich zu wem schneidest Du nicht so gut ab?

- Auf welche Weise hält Deine Selbstverurteilung Dich davon ab, Deiner eigenen inneren Autorität zu folgen und diese anzuerkennen?

- Was bedeutet *Integrität* für Dich? Notiere eine Sache, die Du heute tun kannst, um mehr in Deine *Integrität* zu kommen und sie besser zu fühlen.

- In welcher Weise kann *Vollkommenheit* als Inspiration in Deinem Leben dienen, anstatt ein unerreichbares Ideal zu bleiben?

Bei der Gabe der Feinfühligkeit geht es darum, in hohem Maße auf die Bedürfnisse anderer eingestimmt zu sein. Um andere und deren Bedürfnisse wahrnehmen zu können, muss man erst von ihnen unabhängig werden.

Gabe: Feinfühligkeit
Schatten: Co-Abhängigkeit
Siddhi: Liebesopfer
Programmierungspartner: 33

~ Richard Rudd

MEINE WEISHEITSGESCHICHTE

Ich wuchs in einer Gegend auf, in der die alten Traditionen hochgehalten wurden. Die Männer versorgten die Frauen, die Frauen kümmerten sich um die Kinder, Erwachsene sorgten für die Alten und Gott sorgte für uns alle. Traditionen und Bräuche waren das Gerüst unseres Lebens und wir stellten sie nicht in Frage. Als meine Töchter klein waren, war meine *Feinfühligkeit* geschätzt und gefragt. Wenn sie etwas brauchten, war ich für sie da. Ich versorgte ihre laufenden Nasen mit Taschentüchern, kurierte Fieber mit heißer Suppe und sie konnten sich immer bei mir ausweinen.

Aber als meine Töchter älter wurden und die Welt um uns herum sich wandelte, konnte ich nicht mehr so gut spüren, was sie fühlten und brauchten. Ich gab ihnen einen guten Rat und sie warfen mir vor, ich würde gar nicht zuhören. Ich kochte ihnen nahrhafte Mahlzeiten und sie behaupteten, sie wären ungesund. Ich arrangierte eine Verabredung mit einem netten jungen Mann und sie weigerten sich, auch nur ihr Zimmer zu verlassen. Ich betete zu Gott, dass er sie beschützen möge und selbst seine Existenz stellten sie in Frage. Als sie auszogen, rief ich sie jeden Tag an. Sie sagten, ich sei *co-abhängig* und dass sie keine Lust darauf hätten, dass ich Ihnen mit meinen Sorgen auf den Geist ging. Ganz gleich wie sehr ich mich bemühte sie zu lieben und eine gute Mutter zu sein, ganz gleich wie oft ich Ihnen sagte, wie sehr ich unter ihrem Auszug litt, es funktionierte einfach nicht. Sie distanzierten sich immer mehr von mir und bezeichneten mich als *bedürftig*.

Schließlich tat ich das Undenkbare. Ich wandte mich von meinen eigenen Kindern ab. Wenn sie mich nicht brauchten, dann brauchte ich sie auch nicht! Lange Zeit isolierte ich mich und war unglücklich. Ich war mir sicher, als Mutter versagt zu haben. Aber irgendwann lockten meine Freundinnen mich aus dem Haus. Ein Kurs hier, ein Spaziergang dort, ich kam wieder unter Menschen. Dann begann ich merkwürdige Träume zu haben, in denen Tiere zu mir kamen und zu mir sprachen. Zu meinem anfänglichen Entsetzen erschienen als nächstes die Geister verstorbener Verwandter und Freunde in meinem Wohnzimmer, mit Botschaften, die ich weitergeben sollte.

Meine außergewöhnlichen Fähigkeiten sprachen sich schnell herum. Freunde und Nachbarn begannen zu mir zu kommen und sie brachten ihre verstörten Tiere, welken Pflanzen und ungelösten Probleme mit. Bald schon galt ich in der gesamten Nachbarschaft als Phänomen. Sogar meine Töchter waren fasziniert und mittlerweile sind sie häufig zu Besuch. Ich habe so viel Freude an meinem eigenen bunten Leben, dass ich gut zulassen kann, dass sie auf ihre Weise in ihrem Leben glücklich werden. Mittlerweile essen sie sogar mein Essen und nehmen ab und an mal einen Ratschlag an, um den sie vorher gebeten haben!

MEINE BOTSCHAFT AN DICH

Ich bin hier, um Dein *Feingefühl* zu feiern und all die vielfältigen Arten, auf die Du mit den Gefühlen und Bedürfnissen der Menschen in Deinem Umfeld verbunden bist. Anderen zu dienen ist eine wunderbare Sache. Entscheidend ist allerdings, welche Beweggründe Du hast, wenn Du Deine Hilfe anbietest. Sorge dafür, dass Du mit Deinem eigenen Leben glücklich und zufrieden bist und nicht nur eigene Bedürfnisse befriedigst, wenn Du Dich um die Bedürfnisse anderer kümmerst. Ich garantiere Dir, dass Menschen spüren, wenn man Hintergedanken hat. Wenn Du Dich aufgrund verletzter Gefühle isoliert hast, dann solltest Du Dir Hilfe holen.

Dein Herz ist zu groß und zu wunderschön, um längere Zeit verschlossen zu bleiben.

FRAGEN ZUR KONTEMPLATION

- Opferst Du zu viel, weil Du das Bedürfnis hast gebraucht zu werden?
- Welche Signale sendet Dein Körper aus, wenn Du zu viel gegeben hast?
- Leugnest Du ein echtes Bedürfnis, das Du hast, weil es Dir Angst macht von anderen abhängig zu sein?
- Isolierst Du Dich und nimmst es anderen dann übel, dass sie Dich nicht unterstützen?
- Klammerst Du Dich an Deine Unabhängigkeit? Was fürchtest Du könnte passieren, wenn Du Dir erlaubst jemanden zu brauchen oder Dich wirklich auf jemanden zu stützen?
- Wie kannst Du ein gutes Gleichgewicht finden zwischen dem Sorgen für Deine Bedürfnisse und dem Sorgen für die Bedürfnisse anderer? Was ist für Dich eine gesunde Form der *Feinfühligkeit*? Eine gesunde Form der *Hingabe*?

*Mit der Selbstsicherheit einhergehen muss eine tiefe
Hingabe an das Leben in jedem Moment.
Wenn Du beginnst zu akzeptieren, dass das Leben
seine eigenen Pläne und seinen eigenen
Fluss hat, versuchst Du nicht länger, auf der
Verstandesebene in die Abläufe einzugreifen.*

Gabe: Selbstsicherheit
Schatten: Oberflächlichkeit
Siddhi: Präsenz
Programmierungspartner: 34

~ Richard Rudd

MEINE WEISHEITSGESCHICHTE

Seit ich alt genug war einen Bogen in der Hand zu halten, träumte ich von einer Karriere als Geiger. Während die anderen Kinder draußen herumtobten, spielte ich meine Tonleitern. Ich lebte ständig in der Zukunft, plante das nächste einzuübende Stück, wo ich spielen und wen ich beeindrucken wollte. Sobald die ersten Engagements kamen, war ich erfüllt von zwanghaften Gedanken an den nächsten Auftritt oder mich quälte die Erinnerung an vergangene Konzerte und das, was ich hätte besser machen können.

Während meine Musik die Menschen zu Tränen rührte, hielt sie mich einfach nur in Bewegung. Ich war immer auf dem Weg von hier nach da, mein Zuhause waren Flugzeuge und Bühnen. Ich kannte die Musik so gut, dass ich nicht einmal zuhören musste. Ich konnte mir Sorgen um den nächsten Flug machen, ohne eine einzige Note falsch zu spielen. Manchmal wurden meine Augen nach einem Konzert inmitten meiner Fans glasig, so als wäre ich abwesend. Doch die meiste Zeit war ich so *hektisch* wie eine Biene, die ihren Bienenstock nicht wiederfinden kann – ständig beschäftigt mit Anrufen, Textnachrichten, Üben, Terminplanung, Reisen, Auftritten und erneuten Reisen. Ich ertrank in einem Leben aus Erfolg und *Oberflächlichkeit*.

Bis ich eines Tages in einem Flughafen festsaß, während Tausende von Menschen in einer anderen Stadt auf mich warteten – alles nur wegen eines blöden Sturms. Ich bekam einen Wutanfall, warf meine Tasche auf den Boden und Hunderte loser Notenblätter flatterten in die Luft. Als sie wie Schneeflocken durch die Luft trudelten, passierte etwas Sonderbares. Ich brach spontan in Lachen aus. Schon bald stimmten die Menschen um mich herum ein und bevor ich mich versah, packte ich meine Geige aus und begann zu spielen – einfach nur so aus Spaß. Es kam mir vor, als ströme eine engelsgleiche Sinfonie aus meinem Instrument. Tränen der Freude rannen über mein Gesicht. Ich war noch nie so *präsent* gewesen, so sehr im gegenwärtigen Moment. Alle Menschen um mich herum waren plötzlich gehobener Stimmung. Und von diesem Moment an wusste ich, dass alles gut war.

MEINE BOTSCHAFT AN DICH

Ich komme, um Dir eine große Erleichterung zu bringen. Dein Verstand mag damit beschäftigt sein Dir zu erzählen, was Du tun musst. Das ist in Ordnung. Doch genau jetzt, in diesem Moment, lade ich Dich ein, Deinen wunderbaren besorgten Verstand mit einem Lächeln zu betrachten und Dir bewusst zu machen, dass alles in Ordnung ist. Gerade jetzt gibt es nichts zu tun. Nichts muss auf den Weg gebracht werden. Um nichts musst Du Dir Sorgen machen. Und es gibt nichts zu bedauern. Nicht in diesem Moment. Atme einfach tief durch und mach Dir bewusst, dass Dein Leben in den Händen von etwas unfassbar Großem liegt. Selbst wenn Du nicht eins werden kannst mit diesem Moment, bist Du gerade genau jetzt und hier. Erfreue Dich am Wunder der *Präsenz* und Dein Lohn wird echte *Selbstsicherheit* sein.

FRAGEN ZUR KONTEMPLATION

- Hast Du das Gefühl, in Deinem eigenen Leben *abwesend* zu sein? So als würdest Du alles mechanisch tun, wärst aber nicht wirklich hier?

- Hast Du das Gefühl, dass es Dir unmöglich ist, Dein Tempo zu drosseln? Hast Du Angst davor, was passieren könnte oder was Du fühlen würdest, wenn Du all diese *hektischen* Aktivitäten fallen ließest?

- In welchen Situationen (und im Zusammensein mit welchen Menschen) fällt es Dir leicht, *präsent* zu sein? Welche Situationen sind schwieriger?

- Verbringe ein paar Minuten vor einem Spiegel. Schau Dir selbst in die Augen. Ist jemand zuhause? Schau, ob es Dir gelingt, noch präsenter zu sein. Gibt es eine Möglichkeit, wie Du entspannen und loslassen kannst? Beobachte die Gedanken und Gefühle, die aufkommen, wenn Du in Deine Augen schaust. Notiere Dir, was Du aus dieser Erfahrung gelernt hast.

Am Ende werden nur diejenigen leitende Positionen bekommen, die jeglichen Anspruch auf Kontrolle aufgegeben haben.

Gabe: Autorität
Schatten: Kontrolle
Siddhi: Tapferkeit
Programmierungspartner: 48

~ Richard Rudd

MEINE WEISHEITSGESCHICHTE

Ich war ein „Treuhandfonds-Baby", ein Kind reicher Eltern. Während mein Vater hinter geschlossenen Türen mit Wirtschaftsgrößen verhandelte und die Finanzwelt regierte, herrschte meine Mutter mit ihren manikürten Nägeln und perfekten Umgangsformen über den Haushalt. Als Kind war ich ständig ihrer beider Kritik und *Kontrolle* ausgesetzt und gab mich *unterwürfig*. Die Art, wie sie unser Personal behandelten, war mir ausgesprochen unangenehm und ich hatte den Verdacht, dass die Bediensteten meine Eltern insgeheim genauso verachteten wie ich selbst.

Sobald ich meinen Führerschein hatte, schnappte ich mir ein bisschen Geld und machte mich aus dem Staub. Meine Eltern und meinen Treuhandfonds ließ ich einfach zurück. Ich hatte keinen Plan, keinen College-Abschluss. Ich wollte nur eins: endlich frei sein und ihrer spießigen, erdrückenden Welt entkommen. Ich nahm Aushilfsjobs an, ließ mich treiben und genoss den Gedanken, nun nicht mehr zur herrschenden Elite zu gehören.

Doch als mein finanzielles Polster dahinschmolz, schwand auch meine Lust am Abenteuer. Ich war zu stolz, um meine Eltern um Hilfe zu bitten. Also lebte ich in meinem Auto hinter unserem Haus und ernährte mich von Essensresten, bis mich eine der Bediensteten entdeckte. Sie bestand darauf, mich bei sich aufzunehmen. Ihre Familie war arm, aber das Wenige, das sie hatten, teilten sie mit mir. Ich war dankbar und tief beschämt. Mir wurde klar, wie verbittert und egoistisch ich gewesen war und wie sehr ich meine Eltern wegen ihrer beschränkten Weltsicht und ihres Egoismus verurteilt hatte – ebenso wie die Gesellschaft, die nichts für Bedürftige tat. Am meisten jedoch verurteilte ich mich selbst dafür, dass ich zu schwach und armselig war, um mir selbst zu helfen, von anderen ganz zu schweigen. Letztendlich war ich ebenso von Geld besessen wie mein Vater und von der realen Welt entfremdet wie meine Mutter. Wenn ich wirklich wollte, dass mein Leben einen Sinn hatte, musste ich Verantwortung für mich übernehmen.

Von diesem Moment an übernahm mein Herz die Führung. Es war mir ein tiefes Bedürfnis der Familie, die mich aufgenommen hatte, etwas zurückzugeben und leidenden Menschen zu helfen. Ich bekam mein Leben wieder in den Griff, stellte mich der Welt und versöhnte mich am Ende mit meinen Eltern. Anstatt ihre finanziellen Mittel abzulehnen, inspirierte ich sie dazu ihre Mitarbeiter als Menschen zu sehen. Meine Eltern sind mittlerweile meine größten finanziellen Förderer in meinem Bemühen, Menschen ein Heim zu geben, Gärten und Felder in armen Regionen anzulegen und denjenigen Menschen eine Stimme zu verleihen, die sonst ungehört bleiben. Je mehr mein Herz sich öffnet, umso mehr Vertrauen und Loyalität bringt man mir entgegen.

MEINE BOTSCHAFT AN DICH

Ich komme, um Dir zu sagen, dass wahre Macht und Stärke nichts mit Geld oder *Kontrolle* zu tun haben. Wahre Stärke bedeutet, aus dem Herzen heraus zu sprechen und zu handeln. Alles, was Du tust, sollte im Geiste des Dienens geschehen. Wenn Du in Deinem Leben zu einer wahren *Autorität* werden willst, musst Du sowohl Hingabe leben als auch bereit sein, Dich allem zu stellen, was das Leben Dir bringt, und zwar mit Begeisterung, Dankbarkeit und einem tiefen Gefühl von Verantwortung. Dass Du Deine wahre *Autorität* tatsächlich lebst, wirst Du daran erkennen, dass Du überall Loyalität inspirierst und Netzwerke aufbaust. Und daran, dass jeder Mensch, für den Du Dich einsetzt, sich in seiner Rolle gestärkt und respektiert fühlt und sich leidenschaftlich engagiert. Es ist an der Zeit, dass Du genau hinhörst, was die verschiedenen Menschen in Deinem Leben sich wünschen und dass Du dann aufrichtig in ihrem Interesse handelst. Es ist an der Zeit, die vertrauenswürdige Person zu werden, die Du tief in Deinem Inneren bist.

FRAGEN ZUR KONTEMPLATION

- Wo im Leben fühlst Du Dich *kontrolliert*?
- Inwieweit könnte die Angst *kontrolliert* zu werden Dein Leben bestimmen oder die Entscheidungen beeinflussen, die Du triffst?
- Hast Du so große Angst davor, Deine Macht und Stärke zu missbrauchen, dass Du sie gar nicht einsetzt?
- In welchen Beziehungen neigst Du dazu zu *kontrollieren*? Oder *unterwürfig* zu sein?
- Denk zurück an Deine besten Beziehungen. Wie sahen die Bedingungen aus, unter denen Du Dich sicher genug fühltest, die Kontrolle aufzugeben und Deine *Autorität* zu zeigen?
- Wo in Deinem Leben könntest Du die Kontrolle noch stärker abgeben?

*Güte bedeutet, dass Du bei allem, was Du tust,
Gnade und Achtsamkeit walten lässt.*

Gabe: Güte
Schatten: Entehrung
Siddhi: Gnade
Programmierungspartner: 47

~ Richard Rudd

MEINE WEISHEITSGESCHICHTE

Ich wurde in eine sehr angesehene Familie hineingeboren, der ihr guter Ruf über alles ging. Aber hinter der Fassade lag so einiges im Argen. Als mein Körper begann, sich in den eines hübschen jungen Mädchens zu verwandeln, wurde ich von einem angesehenen Mitglied der Familie missbraucht. Ich war viel zu verängstigt und beschämt, um irgendwem von dem Vorkommnis zu berichten. Stattdessen versuchte ich verzweifelt, nichts mehr zu fühlen. Wann immer sich ein verbotenes Gefühl in meinem Inneren regte, warf ich mich auf den Boden und flehte Gott an, mich zu einem guten und frommen Menschen zu machen. Da ich einen für ein so junges Mädchen ungewöhnlichen religiösen Eifer an den Tag legte, schickte man mich in ein abgelegenes Kloster, wo ich ein bescheidenes Leben des Lernens und Betens führte.

In meiner Erleichterung, mich an einem sicheren Ort zu befinden, verzichtete ich gerne auf materielle Dinge, legte ein Keuschheitsgelübde ab und widmete mein Leben der Selbstlosigkeit. Allen im Kloster galt ich als *anständige*, ruhige und ausgeglichene Frau und geduldige Zuhörerin. Doch in meinem Inneren tobten immer wieder *unangemessene* Gefühle, die ich nicht akzeptieren, geschweige denn ausleben konnte. Ich misstraute meinem Schmerz, verachtete meine Schönheit, hasste meine Bedürfnisse und verurteilte meine Begierden. Wenn mich jemand um Hilfe bat, schaffte ich es nicht „nein" zu sagen, selbst wenn ich krank war. Ich ekelte mich vor jedem noch so leisen Gefühl von Leidenschaft, Wut oder sexuellen Gefühlen in mir.

Eines Tages war eine der Schwestern im Rahmen einer Gebetsgruppe so mutig, über ihre Erfahrung zu berichten, als Kind vergewaltigt worden zu sein. Noch während sie redete, durchströmte eine Flutwelle an Erinnerungen, Schmach und Scham meinen Körper. Anstatt mich an Gott zu wenden und ihn zu bitten, diese Gefühle von mir zu nehmen, vergrub ich mein Gesicht in den Händen und brach in Tränen aus. Zum ersten Mal in meinem Leben erzählte ich, was mir widerfahren war. Ich verbarg vor niemandem etwas, nicht einmal vor mir selbst. Als Schmerz, Schamgefühle und das Gefühl der Einsamkeit aus mir herausbrachen, fühlte ich plötzlich, wie ein Licht und eine Liebe meine Brust durchströmten, wie ich sie noch nie zuvor gespürt hatte, nicht einmal im Gebet. Und als ich meine Augen öffnete, traf mein Blick auf so viel Liebe, Mitgefühl und Respekt, dass es sich anfühlte, als sänge das gesamte Universum. Heute schenke ich mir selbst die gleiche Beachtung, die ich anderen zuteilwerden lasse. Um voller Güte in Kontakt mit der Welt zu gehen, muss ich nun weder meine Schönheit verstecken, noch meine Grenzen missachten oder meine Gefühle zurückhalten.

MEINE BOTSCHAFT AN DICH

Ich komme, um Dir zu sagen, dass es nichts in Dir gibt, das nicht liebenswert oder verehrungswürdig ist. Gerade die Dinge, von denen Du glaubst, dass Du sie verbergen musst oder Dir abgewöhnen solltest, müssen am meisten gesehen, gefühlt und ausgedrückt werden. Weise nichts von Dir. Der ultimative Weg hin zur *Gnade* ist, transparent zu sein. Schau mit *Güte* auf jeden Teil Deiner selbst – auf jedes Gefühl, auf jedes schmerzliche Erlebnis. Indem Du alles ehrst und anerkennst, was in Dir ist, wirst Du die Poesie und die Melodie erkennen, die selbst in den schmerzlichsten Momenten stecken. Du wirst entdecken, dass Du aus Deinem Wesen heraus *gütig* zu anderen bist und ihre Gefühle, Herzen und Seelen berührst. In Deiner Gegenwart werden sie aufblühen. In Deinem Kern bist Du eine wunderbare und einzigartige

Manifestation der *Gnade*. Ehre Dein Leid und Du wirst Deine Gabe für die Welt entdecken.

FRAGEN ZUR KONTEMPLATION

- Erweist Du Dir selbst oder anderen auf irgendeine Weise nicht genügend Ehre?

- Wirkst Du von außen betrachtet freundlich und ausgeglichen und wie ein guter Zuhörer, spürst aber in Deinem Inneren Wut, Verbitterung oder ein Meer verbotener Leidenschaften?

- Hast Du Dich schon einmal so lange zurückgehalten, dass Du dann förmlich explodiert bist? Welche Folgen hatte das für Dich selbst und andere?

- Denke an einen Teil von Dir (ein Gefühl oder ein Erlebnis), den Du ablehnst, weil Du ihn als schlecht oder *unangemessen* ansiehst. Wie könntest Du Dich damit aussöhnen?

- Wie kannst Du mehr *Güte* in Dein Leben bringen?

Wenn Du Einfachheit liebst, wirst Du sie um Dich herum entstehen lassen.

Gabe: Einfachheit
Schatten: Komplexität
Siddhi: Quintessenz
Programmierungspartner: 43

~ Richard Rudd

MEINE WEISHEITSGESCHICHTE

Meine Eltern waren Bedienstete der Oberschicht, und um zu überleben lernten sie, still und unsichtbar zu sein. Ich hingegen war das genaue Gegenteil. Meine Mutter behauptete immer, ich wäre mit dem Drang geboren worden, meine Meinung zu sagen. Stille war mir unangenehm. Also machte ich mich daran, meinen Verstand mit Fakten und Meinungen vollzustopfen, um jede Lücke im Gespräch füllen zu können.

Als junge Frau quoll mein Verstand über mit Wissen, Fakten, Zitaten und Theorien und mein Mund spuckte komplizierte Erklärungen für nahezu alles aus. Ich äußerte die „Wahrheit", wo auch immer ich stand und ging. Und ich nahm an jeder wüsste, was ich meine, so als wären die Leute in meinem Kopf. Mir war gar nicht bewusst, dass ich häufig das Falsche zur falschen Zeit sagte oder dass alle das Gefühl hatten, ich könne keine einfache Antwort auf eine Frage geben.

Eines Tages jedoch sprach eine meiner Cousinen Klartext mit mir und meinte, sie wäre es Leid immer von mir vollgequatscht zu werden. Was ich sagte wäre so diffus und *bruchstückhaft*, dass es ihr schwerfiele mich zu verstehen. Auch machte sie mir bewusst, dass meine Worte tatsächlich Menschen verletzten. Ich war regelrecht schockiert und sehr beschämt.

Doch ich wachte auch auf und begann zuzuhören. Zum ersten Mal in meinem Leben reduzierte ich mein Tempo so weit, dass ich die Geschichte meiner Eltern anhören konnte und wie sehr sie ihr Leben lang zum Schweigen gebracht worden waren. Mir wurde bewusst, dass ich tief in meinem Inneren ihren Schmerz und ihre Wut in mir trug. Die ganze Zeit hatte ich unter der Angst gelebt, schweigen zu müssen und als *dumm* und unwissend zu gelten.

Heute liebe ich Stille und *Einfachheit*. Mein Zuhause ist ebenso geordnet und frei von Überflüssigem wie mein Verstand. Wenn ich zugegen bin, lösen sich Probleme ganz von alleine auf und Dinge, die schwierig erschienen, werden einfach. Wenn ich zuhöre, dann tue ich es mit Leib und Seele und mein Ohr leihe ich allem Lebendigem. Häufig sage ich tagelang kein Wort. Aber wenn ich meine Stimme einsetze, dann warte ich auf den richtigen Moment, komme zum Punkt und spreche aus dem Herzen heraus.

MEINE BOTSCHAFT AN DICH

Möchtest Du glücklich sein? Ich bin hier, um Dir Mut zu machen, alles nicht so kompliziert zu sehen und Dein Tempo zu drosseln. Du musst nicht jedes Problem lösen. Suche nach dem „Gerümpel" in Deinem Kopf und Deiner Umgebung und miste gründlich aus. Lass all dies los. Beobachte, wie viel entspannter Dein Körper ist, wenn Du Dich von der Vorstellung befreist, alles verstehen zu müssen. Ich lade Dich ein darauf zu vertrauen, dass das Leben Probleme auf seine ganz eigene Art löst. Stell Dir vor Du schwebtest über Deinem Leben und würdest auf es herabblicken. Wie viele Dinge, über die Du Dir Gedanken oder Sorgen machst, sind es wirklich wert? Sinke in eine tiefere Stille. Gehe spazieren. Riech an den Blumen. Lausche dem Wind. Und während Du das tust, atme tief in den Bauch hinein und erinnere Dich daran, dass Du nicht alles mit dem Verstand erfassen und sortieren musst. Nimm den Moment so an, wie er ist... und schau was passiert. Hinter dem, was Du denkst, verbirgt sich das, was Du wahrhaft weißt. Lass Dir von Deinem wissenden, sanften Herzen den Weg zu traumhafter *Einfachheit* weisen.

FRAGEN ZUR KONTEMPLATION

- Verschlägt es Dir manchmal aus Angst die Sprache, redest Du zu viel oder sagst das Falsche?

- Hast Du gelernt zu schweigen, obwohl Du etwas zu sagen hättest? Wie oft teilst Du anderen mit, was Du wirklich fühlst und denkst?

- Wo machst Du Dir Dein Leben schwerer oder komplizierter als es sein muss? Welcher Teil Deines Lebens schreit nach mehr *Einfachheit*?

- Such Dir einen Bereich Deines Lebens, der „entrümpelt" werden sollte. Verpflichte Dich, in dieser Woche etwas loszulassen (einen Gedanken, ein Gefühl, ein Objekt, eine Beziehung).

Die Gabe des 24. Genschlüssels ist wahrhaft magisch und enthält das Geheimnis der Genialität. Genialität ist weit mehr als Querdenken – es ist die Fähigkeit, Quantensprünge zu machen.

Gabe: Erfindung
Schatten: Sucht
Siddhi: Stille
Programmierungspartner: 44

~ Richard Rudd

24

MEINE WEISHEITSGESCHICHTE

Ich war ein sensibler Junge, ausgestattet mit einer unstillbaren Neugier. Meine große Liebe galt der Logik und dem Lernen, und meine Eltern ermunterten mich, mich mit allem möglichen zu beschäftigen – von Mathematik über Chemie bis hin zur Astrophysik. Schließlich entdeckten zunächst meine Lehrer und dann der Rest der Welt meine ungewöhnliche Gabe, Muster vorherzusehen und Probleme zu lösen.

Schon als ich ein junger Erwachsener war, bauten viele Menschen auf meinen Verstand und glaubten, ich könne einige der schwierigsten Fragen zur Zukunft der Menschheit beantworten. Je höher der Druck wurde, umso weniger Raum gab es für Fehler, Gefühle, freie Zeit oder auch einfach nur für den gegenwärtigen Moment. Einmal saß ich über einem Problem und mein Denken drehte sich total im Kreis. Mein Körper verspannte sich und ich bekam Panik. Ich war wie *erstarrt*. Da ich nicht wusste, wie ich mit diesem schrecklichen Gefühl des Versagens und der Leere umgehen sollte, schnappte ich mir ein Glas Wein. Das half mir dabei, Geist und Körper zu entspannen. Und auf mysteriöse Weise gelang mir dann auch spontan der Durchbruch, auf den ich gewartet hatte.

Danach trank ich jedes Mal Alkohol, wenn es mir nicht gelang, ein Problem zu lösen oder ich *unruhig* oder besorgt war. Je größer das Problem, umso mehr trank ich. Es bedurfte einer schweren Depression und mehrerer Krisen, damit ich meine *Sucht* erkannte und mir die Wahrheit eingestand: Es gab keine einfache Lösung. Nichts in der Außenwelt würde jemals den Schmerz, die Angst und die Leere stillen, die ich so verzweifelt zu vermeiden suchte.

Also richtete ich meinen Geist nach innen und setzte meinen Verstand zur Selbstbeobachtung ein. Dadurch wurde ich so gut darin, meine eigenen Muster und Endlosschleifen zu erkennen, dass diese nach und nach an Einfluss verloren. Wann immer ich heute auf meine eigene Unwissenheit, meinen Schmerz oder etwas Unbekanntes stoße, kämpfe ich nicht länger dagegen an oder erstarre innerlich, sondern lasse es einfach los. Heute denke ich nicht mehr in Schleifen, sondern in Spiralen. Ich heiße Unbekanntes willkommen, erfreue mich an den Mysterien des Lebens und schätze auch bei anderen kreative *Erfindungsgabe* und innovative Lösungsansätze. Interessanterweise scheint mein eigenes Talent für das Lösen von Problemen dadurch eher noch zuzunehmen. Meine kreativsten Momente und bahnbrechendsten Erkenntnisse habe ich, wenn ich mich entspanne, vor mich hin träume oder gar nichts tue. Ich bin immer wieder überrascht, wie sehr alles, was ich tue, mit Kunst, Musik, Philosophie, Mythologie und Psychologie zu tun hat.

MEINE BOTSCHAFT AN DICH

Ich bin hier, um Dir zu sagen, dass *Sucht* nicht nur eine Sache des Handelns ist, sondern auch des Denkens. Das betrifft vor allem die Momente Deines Lebens, in denen Du auf das Unbekannte stößt, Deine eigene Unkenntnis, eine ohrenbetäubende *Stille* und eine innere Leere. In den Räumen zwischen den Gedanken, Geräuschen und sogar zwischen Deinen eigenen Impulsen und Begierden stecken ganze Welten an Möglichkeiten. Es zählt zu den schwierigsten und gleichzeitig lohnendsten Dingen, die Du im Leben tun kannst, diese Lücken in Deinem Bewusstsein freudig zu begrüßen. Schieb Deine Angst nicht weg. Versuch nicht, die Lücken zu füllen. Je stärker Du Deinen Frieden mit der Leere und Dir die Unsicherheit zum Freund machst, umso mehr werden Deine Talente – Erfindungsgabe, kreatives Denken und kreatives Leben – erblühen.

FRAGEN ZUR KONTEMPLATION

- Wie gehst Du mit Momenten der Angst und Leere um?
- Welche Rolle hat *Sucht* in Deinem Leben gespielt? Hast Du Genuss- oder Suchtmittel, Verhaltensweisen oder Handlungen benutzt, um Dich zu betäuben oder der Leere zu entkommen?
- Achte heute einmal bewusst auf ein aufsteigendes Gefühl der Leere. Bevor Du dann nach dem Keks, der Kaffeetasse, dem Glas Bier, der Zigarette, der Fernbedienung, dem Telefon oder dem Computer greifst, nimm Dir einfach 3 Minuten Zeit, um zu atmen. Schaue, was passiert.
- Wo in Deinem Leben empfindest Du Dich als innovativ?
- Gibt es etwas Neues, das in Dir oder durch Dich geboren werden will?
- Finde eine einfache Möglichkeit, mehr innere und äußere *Stille* in Deinem Leben zu kultivieren.

Der Weg der Liebe ist der Weg der Annahme. Wenn Du etwas an Dir selbst annehmen willst, insbesondere etwas Unangenehmes, musst Du es erst erkennen und anerkennen.

Gabe: Annahme
Schatten: Einengung
Siddhi: Universelle Liebe
Programmierungspartner: 46

~ Richard Rudd

MEINE WEISHEITSGESCHICHTE

Ich wuchs in einem strengen Elternhaus auf, in dem Jungen Stärke zeigen mussten. Selbst als mein geliebter älterer Bruder krank wurde und starb, durfte ich nicht weinen. Ich verbarg all meinen Schmerz und meine Verletzlichkeit vor den anderen und vergrub sie tief in meinem Inneren. Ich war noch relativ jung, als ich eine gütige, sensible Frau heiratete, die sich um unser Heim kümmerte und mir zwei Söhne schenkte. Ich sorgte gut für meine Familie, doch was meine Gefühle betraf, war ich eher abweisend und *kalt*. Manchmal fragte meine Frau mich, ob ich glücklich sei. Ich wusste nicht, was ich darauf antworten sollte und meinte nur, mir ginge es gut.

Dann kam der Tag, an dem mein Erstgeborener starb. Das gebrochene Herz meiner Frau bewirkte, dass sie ihren Tränen freien Lauf ließ, während mein Herz zu Eis erstarrte. Ich verbot dem Rest der Familie, jemals wieder seinen Namen auszusprechen und zwang meine Frau alles aus dem Haus zu geben, das mich an ihn erinnerte. Ich entwickelte eine Besessenheit für Dinge. Mein Haus. Mein Geld. Meine Frau. Mein Kind. Alles gehörte mir. Ich verbot meiner Frau und meinem jüngeren Sohn das Haus zu verlassen. Wenn sie Anzeichen emotionaler Schwäche zeigten, wurde ich kalt und abweisend oder bekam einen Wutanfall. Manchmal bekam ich kaum Luft. Ich war von einer Urangst erfüllt, die mich jede Minute des Tages gefangen hielt. Ich hasste dieses Gefühl und ging auf jeden los, der mich daran erinnerte. Ich war vollkommen unerreichbar.

Erst als ich herausfand, dass meine Frau heimlich ein Bild unseres Erstgeborenen aufbewahrt hatte und die Panik auf dem Gesicht meines jüngeren Sohnes sah, als ich meine Hand hob, um sie zu schlagen, brach ich zusammen. Ich lag auf dem Fußboden und zitterte wie Espenlaub. Obwohl ich es nicht verdient hatte, hielten meine Frau und mein Sohn mich in ihren Armen, bis mein Herz aufgetaut war und die Tränen zu fließen begannen. Ich atmete wieder durch. Mein Körper ergab sich dem Schmerz eines ganzen Lebens. Irgendwann spürte ich, wie mich, meine Frau und meinen Sohn eine Liebe, Leichtigkeit und Sanftheit durchfloss, wie wir sie nie zuvor gekannt hatten.

Dies liegt nun schon viele Jahre zurück und es war der Beginn eines gesegneten und fröhlichen Familienlebens, angefüllt mit Liebe, Tanz und wundervollen Feiern. Sieh in meine Augen und Du wirst die Liebe spüren, die daraus erwächst, dass man seine tiefsten Wunden *annimmt* – und selbst *Annahme* findet.

MEINE BOTSCHAFT AN DICH

Wenn ich in Deine Augen blicke, sehe ich Unschuld und Vertrauen. Einen tiefgehenden Optimismus, der unberührt geblieben ist, ganz gleich, was Dir im Leben bereits passiert ist. Ich weiß aus Erfahrung, wie schwer es sein kann, wahre *Annahme* zu erfahren, sich selbst oder andere vollkommen zu akzeptieren. Genau wie ich wirst Du in diesem Leben geprüft werden. Doch ich bin hier, um Dir zu versichern, dass Du durch das Umarmen Deiner schlimmsten Wunden, ganz gleich wie tief und schmerzlich sie sein mögen, herausfinden wirst, dass es keine Verletzung auf der ganzen Welt gibt, die Du nicht ertragen oder *annehmen* kannst. Sorgen und Groll werden sich ganz von selbst auflösen. Und wohin auch immer Du gehst, Du wirst tief in Deinem Herzen wissen, dass Du ein geliebter Teil des Ganzen bist. Ich bin hier, um Dich in bedingungsloser und *allumfassender Liebe* zu baden. Du bist es wert.

FRAGEN ZUR KONTEMPLATION

- Welche Erfahrung aus Deiner Vergangenheit hast Du noch nicht vollkommen *angenommen*?

- Welche Verletzung weigerst Du Dich zu fühlen? Wie könntest Du dieser Wunde Ausdruck verleihen? Gibt es einen Menschen, mit dem Du darüber sprechen könntest? Könntest Du sie in Form eines Gedichts oder Bildes verarbeiten?

- Hast Du jemals Deinen ganzen Schmerz zugelassen und dadurch eine größere Liebesfähigkeit und stärkere Verbindung zur Welt entdeckt?

- Wann hast Du schon einmal *universelle* oder *allumfassende Liebe* erfahren? Wie hat sich das angefühlt?

- Wenn Du das Gefühl hast, eine große Verletzung mit Dir herumzutragen, möchte ich Dich bitten Dir Unterstützung durch Berater*innen, Therapeut*innen oder einen spirituellen Ansprechpartner wie einen Geistlichen zu suchen, der Dich auf Deinem Weg zu *Annahme* und Befreiung an die Hand nimmt und unterstützt.

Die Gabe des 26. Genschlüssels feiert Dein Ego ohne Selbstbeurteilung und in voller Bewusstheit.

Gabe: Raffinesse
Schatten: Stolz
Siddhi: Unsichtbarkeit
Programmierungspartner: 45

~ Richard Rudd

MEINE WEISHEITSGESCHICHTE

Mein Vater war ein ganz gewöhnlicher, schwer arbeitender Mann. Sein Motto lautete: „Ohne Fleiß kein Preis". Mein Interesse an der Schauspielerei war ihm dementsprechend völlig fremd. Ich aber wollte es ihm zeigen. Ich wollte *stolz* auf mich sein können, und er sollte es auch sein. Ich würde ein berühmter und angesehener Schauspieler werden. Wenn ich dafür vor einem Produzenten buckeln, meine Fans täuschen oder einen Konkurrenten öffentlich verreißen musste, dann war das eben so. Meine Strategie „keine Gefangenen zu machen" ging auf. Mit schierer Willenskraft erklomm ich eine Stufe nach der anderen auf der Leiter des Erfolgs. Ich spielte in jedem Blockbuster mit und *prahlte* ständig und überall mit meinem Erfolg. Mein PR-Team schlachtete meine Berühmtheit aus und hofierte meine Fans. Ich selbst war zum echten Adrenalinjunkie geworden und konnte mich nicht eine Minute lang entspannen. Bis zu dem Moment, an dem mein Immunsystem zusammenbrach.

Während ich zusah, wie mein Ruhm und zugleich auch meine körperliche Stärke schwanden, wurde mir bewusst, wie große Angst ich stets davor gehabt hatte, mich aufzulösen. Angst davor herauszufinden, dass mein Leben bedeutungslos war, nicht zählte. Mich plagten Gewissensbisse wegen der vielen Arten, auf die ich Menschen manipuliert und missachtet hatte, die mir schwach und verletzlich erschienen. Ich begann meine Träume in Frage zu stellen und alles, was ich jemals über Erfolg gelernt hatte.

Dank meines Körpers war ich nun nicht mehr in der Lage, der

Welt meinen Willen aufzuzwingen. Ich begann auf mein Inneres zu hören und wurde im Verlauf der Zeit immer ruhiger. Ich spürte wieder mein warmes Herz. Mein Immunsystem begann sich zu erholen und eine neue Absicht keimte in mir auf. Ich wollte der Welt durch meine Kunst dienen, anstatt nur meinen eigenen Wert zu beweisen. Ich begann Stücke für kleinere Bühnen zu schreiben – Stücke über die Liebe und das Leben, über Demut und das Menschsein. Durch meine leidenschaftliche Hingabe an den kreativen Prozess zog ich ganz von selbst die richtigen Menschen in mein Leben. Zum ersten Mal fühlte es sich so an, als laufe auf magische Weise alles ganz von selbst. Ich stehe immer noch gerne im Rampenlicht, aber heute weiß ich, dass ich nicht länger mich selbst verkaufe, sondern etwas Wichtigeres – Liebe.

MEINE BOTSCHAFT AN DICH

Ich bin hier, um die *Raffinesse* in Dir zu würdigen. Und weil es für Dich an der Zeit ist, Dinge aus dem Herzen heraus zu „vermarkten". Was ist die zentrale Botschaft, die Du mit der Welt teilen möchtest? Auf welche Weise möchte Deine Liebe ausgedrückt werden? Welch tiefere Intention steckt hinter dem, was Du anbietest? Wenn Du ein echtes Geschenk mit der Welt teilst, dann machst Du aus der Fähigkeit, etwas aus der Angst heraus beeinflussen zu können, die Fähigkeit, die Welt so zu „manipulieren", dass sie zu einem liebenswerten und inspirierenden Ort wird. Denk immer daran, dass Intention und Wille nicht das Gleiche sind. Lass den Gedanken los, dass Du Deine Ziele nur durch Willenskraft erreichen kannst oder über den Verstand. Die meiste Zeit weiß Dein Verstand gar nicht, was Du wirklich willst. Ich möchte, dass Du tiefer gehst. Und während Du das tust, solltest Du Deinen *Stolz* und Dein Ego nicht verurteilen. Umarme und feiere sie dafür, dass sie Träume wahr werden lassen können.

FRAGEN ZUR KONTEMPLATION

- Wie drückt sich *Stolz* in Deinem Leben aus? Zeigst Du ihn ganz offen? Oder lauert er unter der Oberfläche? Sei ehrlich.

- Wie hast Du in Deiner Kindheit und Jugend gelernt Dich zu „verkaufen"? Was hast Du darüber gelernt, was Erfolg ausmacht? Hat man Dir gesagt, dass Du etwas nur dann haben kannst, wenn Du Deine Willenskraft einsetzt?

- Wo versuchst Du womöglich zu sehr, etwas allein mit Willenskraft zu erreichen?

- Erinnere Dich an eine Zeit, als es in Bezug auf einen kreativen Prozess eine magische Synchronizität in Deinem Leben gab und die Dinge wie von selbst liefen. Wie war Deine Haltung/Einstellung zu der Zeit?

- Was bedeutet das Thema *Raffinesse* für Dich und Dein Leben?

- Finde einen einfachen Weg, Dich in Deinem Leben für mehr Magie und Leichtigkeit zu öffnen.

Anderen zu geben, einfach um des Gebens willen, aktiviert gesunde Ströme tief in Deinem Körper.

Gabe: Nächstenliebe
Schatten: Selbstsucht
Siddhi: Selbstlosigkeit
Programmierungspartner: 28

~ Richard Rudd

27

MEINE WEISHEITSGESCHICHTE

Mein Volk verachtete *Selbstsucht*. Status und Respekt errang man durch großzügiges Geben und persönliche Opfer, nicht durch *selbstsüchtiges* Horten und Erfolge, die nur dem Einzelnen nutzten. Sobald ich etwas in der Hand halten konnte, lernte ich, es abzugeben. An meinem Geburtstag verteilte ich Geschenke an meine Gäste. Bei Abschlussfeiern beschenkte ich meine Lehrer und die anderen Anwesenden. Als junge Frau diente ich meiner Familie, freiwillig und ohne mich zu beschweren. Aber es gab auch Zeiten, in denen von mir erwartet wurde etwas zu geben und ich das Gefühl hatte, ausgenutzt oder nicht respektiert zu werden. Obwohl ich innerlich wütend und gekränkt war, gab ich trotzdem. Denn das war das, was gute Gemeinschaftsmitglieder taten. Manchmal ertappte ich mich auch dabei etwas zu geben, weil ich insgeheim hoffte, vom anderen etwas zurückzubekommen – Respekt, Liebe, Bewunderung oder Dankbarkeit.

Einmal saß ich mehrere Tage daran, Essen für das gesamte Dorf zuzubereiten, obwohl ich viel lieber mit meinen Brüdern im Fluss schwimmen gegangen wäre. Meine Selbstaufopferung blieb völlig unbemerkt und wurde nicht wertgeschätzt. Ohne es wahrzunehmen, ließ ich meinen Frust an den Tortillas aus, die ich zubereitete. Als einige Dorfbewohner nach dem Essen krank wurden, fühlte ich mich schrecklich. Gerade als ich dem Ältestenrat beichten wollte, dass mein *selbstsüchtiges* Herz das Essen vergiftet hatte, stand meine Großmutter – eine meisterhafte Gärtnerin – auf und erzählte der Gemeinschaft, dass sie nicht gut genug auf den

Mais achtgegeben hätte und daher an den Bauchschmerzen Schuld sei. Dann zwinkerte sie mir zu und schickte mich hinunter zum Fluss. Als ich an diesem Abend auf dem Wasser trieb und hoch zum Mond schaute, wurde mir bewusst, dass meine Großmutter mich an diesem Tag wahre *Nächstenliebe* gelehrt hatte.

MEINE BOTSCHAFT AN DICH

Es ist an der Zeit, einen ehrlichen Blick auf Deine Beziehung zum Geben zu werfen. Gibst Du von Herzen, oder gibst Du Deine Macht und Stärke auf? Gibst Du ohne etwas zu erwarten oder verfolgst Du damit eigene Ziele? Was hast Du in den ersten sieben Jahren Deines Lebens über *Selbstsucht* und *Selbstlosigkeit* gelernt? Ich möchte Dich bitten, beim Geben auf Deine Intuition zu hören. Gib Organisationen und Menschen, die fruchtbar sind und das, was sie bekommen, sinnvoll nutzen. Du solltest nicht geben, wenn Du wütend oder gekränkt bist. Zumindest nicht gleich. Warte ab, bis Dein Herz sich wieder geöffnet hat. Übe Dich in kleinen Gesten der Freundlichkeit. Dann wird Deine aufrichtige *Nächstenliebe* mehr Freude und Fülle in Dein Leben bringen als Du Dir vorstellen kannst.

FRAGEN ZUR KONTEMPLATION

- Wo opferst Du Dich selbst auf eine Weise auf, die nicht gesund für Dich ist? Wo gibst Du und erwartest etwas zurück?

- Hast Du jemals zu viel von Dir gegeben und es später bereut? Wie kannst Du besser auf Dich achten, so dass Du aus dem Vollen schöpfen und geben kannst?

- Wo und wem gegenüber findest Du es am schwierigsten gesunde Grenzen zu setzen?

- Wo und wem gegenüber neigst Du am ehesten zur *Selbstsucht*?
- Wenn Du Dich nicht schuldig fühltest, was würdest Du dann anders machen? Oder weniger häufig?
- Wann hattest Du einmal das Gefühl, komplett selbstlos zu handeln?
- Wofür bist Du gerade jetzt wahrhaft dankbar? Notiere es in Deinem Notizbuch.
- Mache heute jemandem eine Freude – ohne dass die Person es bemerkt oder weiß, dass es von Dir kommt. Es ist gut für Deine Gesundheit.

Da ist ein tiefes Gefühl der Erregung und des Nervenkitzels, das sich einstellt, wenn Du Dich nach und nach Deinen inneren Dämonen stellst.

Gabe: Totalität
Schatten: Sinnlosigkeit
Siddhi: Unsterblichkeit
Programmierungspartner: 27

~ Richard Rudd

28

MEINE WEISHEITSGESCHICHTE

Ich war ein sensibles, ängstliches Kind. Ich sah um mich herum alles, was schiefgehen konnte. Ich könnte eine geliebte Person verlieren. Ein Erdbeben könnte eintreten oder eine Bombe explodieren. Ich könnte fallen und mich verletzen. Ich könnte krank werden. Mein Herz könnte brechen. Ganz gleich wohin ich schaute, nirgends fand ich Sicherheit.

Als ich älter wurde, war ich besessen vom Leben oder vielmehr davon, den Tod zu vermeiden. Zuerst fokussierte ich mich auf Sicherheit und Überleben. Ich arbeitete hart, um gesund zu bleiben, Geld zu verdienen, ein Zuhause zu haben und ein frommes Mitglied der Gemeinschaft zu werden. Auch wenn es von außen so aussah, als sei ich glücklich und sorgenfrei, fühlte ich mich innerlich *hohl* und leer. Tief in mir wusste ich, dass ich mehr aus meinem Leben machen sollte. Aber ich hatte Angst es zu tun. Ich wartete auf den Startschuss, der einfach nicht zu kommen schien.

Nach einer Weile begann die Art meiner Ängste sich zu verändern. Ich machte mir nun weniger Gedanken darüber, ob ich meinen Lebensunterhalt bestreiten konnte. Stattdessen quälte mich die Vorstellung, dass mein Leben keinen Sinn hätte. Nachts suchten mich Albträume heim. Sobald ich im Bett lag, wurde ich gejagt, von Monstern verfolgt und von Naturkatastrophen heimgesucht. Ich hatte Angst die Augen zu schließen und versuchte, mit immer weniger Schlaf auszukommen. Ruhelos stürzte ich mich von einer Aktivität in die nächste, fest entschlossen, meinem Leben einen Sinn zu geben und ein Gefühl der Sicherheit zu erzielen. Wenn ich nur mehr Risiken eingehen oder mehr tun könnte oder schneller wäre, dachte ich.

Also kaufte ich mir ein Fahrrad und raste ohne Helm die Straße entlang. Mein Spiel mit dem Risiko sorgte dafür, dass ich im Krankenhaus landete. Monate lang war ich gezwungen still zu liegen, mit geschlossenen Augen und nichts außer meinen inneren Dämonen als Gesellschaft. Als ich so unbeweglich dort lag, hatte ich gar keine andere Wahl als mir die vielen Ängste anzuschauen, denen ich zu entkommen suchte, seit ich ein Kind war. Meine Angst vor Schmerz und vor Freude, vor der Vergangenheit und der Zukunft, vor Versagen und Erfolg, vor dem Leben und dem Tod, vor der Nichtexistenz und der *Sinnlosigkeit*.

Erst als ich mich der Angst vollkommen hingab, passierte etwas Ungewöhnliches. Alle meine Sinne waren plötzlich geschärft und ein unerklärliches Gefühl von Lebendigkeit keimte in mir auf. Ich war überwältigt von der ewigen Natur meines menschlichen Geistes.

Von dem Moment an hatte ich Vertrauen in das Leben und heute lasse ich mich bedingungslos auf das ein, was es mir bringt.

MEINE BOTSCHAFT AN DICH

Es ist an der Zeit, dass Du aufhörst Dein Leben zu verschieben und es stattdessen in seiner Gesamtheit annimmst – die schmerzlichen Teile ebenso wie die freudvollen. Ich bringe Dir die Gabe der *Totalität*. Ich möchte, dass Du Dich dem Mysterium des Lebens völlig hingibst. Schließ genau jetzt Deine Augen. Werde ruhig. Lausche mit immer feineren Ohren. Wenn es Dir möglich ist, begib Dich freiwillig in die Dunkelheit. Du wirst schnell feststellen, dass Deine Dämonen nichts anderes sind als verkleidete göttliche Boten. Wenn Du Dich aus ganzem Herzen mit Widrigkeiten anfreundest, wirst Du Dich immer freier fühlen. Wenn Du den Tod nicht mehr fürchtest, wirst Du endlich frei sein das zu tun, wofür Du hierher gekommen bist – um auf diesem Planeten ein ewiges Zeichen mit der goldenen Tinte Deines Herzens zu hinterlassen. Am Leben zu sein bedeutet hier zu sein. Jetzt. Ganz und gar. Das ist alles.

FRAGEN ZUR KONTEMPLATION

- Gibt es einen inneren Dämon, den Du Dich weigerst anzusehen?
- Bist Du ständig in Bewegung?
- Gehst Du Risiken ein, um dem zu entkommen, wie Du Dich in Deinem Innersten fühlst?
- Hast Du Angst vor Stillstand? Wovor genau fürchtest Du Dich?
- Suchst Du ständig nach Deinem Lebenssinn? Kennst Du ihn und trotzdem schaffst Du es immer wieder ihm nicht zu folgen?
- Wann hattest Du zum letzten Mal das Gefühl, voll im Einklang mit Deiner Lebensaufgabe zu sein? Oder das Gefühl, mit der Gesamtheit des Seins, der Existenz, verbunden zu sein?
- Schreib Deine eigene Grabrede. Finde einen kreativen Weg Deine eigene *Unsterblichkeit* zu ehren. Teile das, was Du schreibst mit einer Person, die Du liebst.

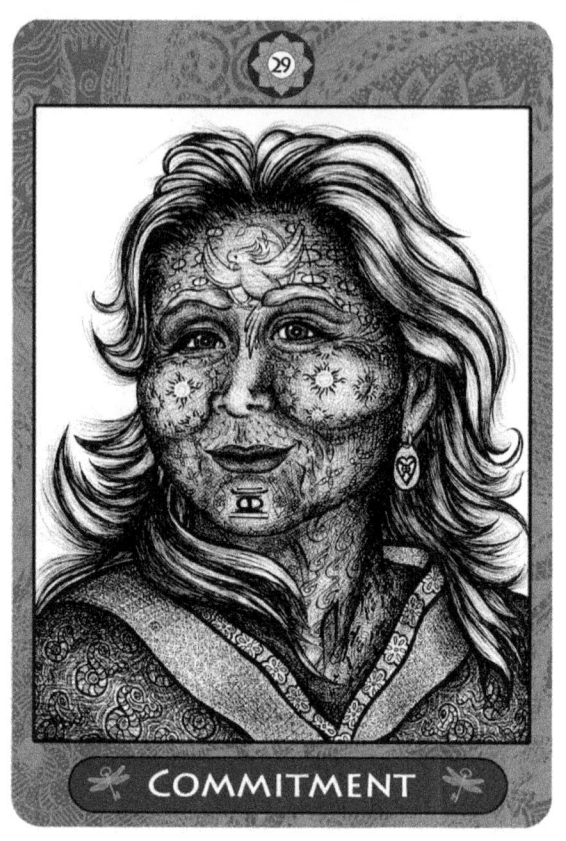

Eine klare Entscheidung fühlt sich an wie eine sanfte und kraftvolle Wärme, die uns durchströmt.

Gabe: Verbindlichkeit
Schatten: Halbherzigkeit
Siddhi: Hingabe
Programmierungspartner: 30

~ Richard Rudd

MEINE WEISHEITSGESCHICHTE

Meine Eltern sagten immer, ich sei „ein freier Geist" – eine nette Umschreibung dafür, dass ich ziemlich unzuverlässig war. Ständig war ich auf dem Sprung von einer Liebschaft zur nächsten, einem Ort zum nächsten, einem Job zum nächsten. Dauernd fing ich etwas an und brachte es nicht zu Ende. Als ich daher mein soziales Engagement entdeckte und eine Stelle in einer wunderbaren Organisation fand, die gut zu mir passte, waren alle – einschließlich mir – froh und erleichtert.

Ich arbeitete viele Jahre dort. Ich wuchs zusammen mit dem Unternehmen, liebte meine Kollegen und hatte endlich das Gefühl, mein Leben ergebe einen Sinn. Aber nach sieben Jahren stellte ich fest, dass ich *überengagiert* und ausgebrannt war. Ich fühlte mich nicht mehr richtig zugehörig. Mein Herz sehnte sich nach etwas anderem, nach mehr Raum für Kreativität. Ich wollte mehr Platz in meinem Leben für Nähe. Meine Kollegen hatten keine Ahnung, wie *halbherzig* ich nur noch dabei war. Ich belog sowohl sie als auch mich selbst.

Gleichzeitig hatte ich ungeheure Angst davor, die Organisation zu verlassen. Sie brauchten mich und ich wollte es nicht riskieren zu kündigen, zu früh aufzugeben oder unzuverlässig zu erscheinen. Also wartete ich und wartete ich. Jedes Mal, wenn es jemand wagte die Organisation zu verlassen und seinen Traum zu leben, war ich ungeheuer neidisch – so als würde ich ständig im Abseits stehen und dem Glück anderer zusehen, während mein eigenes immer mehr aus meinem Blickfeld rückte. Außerdem fühlte ich mich noch stärker gefangen, denn wer sollte die neuen Mitarbeiter einarbeiten, wenn nicht ich?

Als ich schließlich einen vollen Kaffeebecher umstieß, der sich über den gesamten Papierstapel auf meinem Schreibtisch ergoss, kam mir die Erkenntnis, dass der richtige Zeitpunkt niemals kommen würde. Niemand konnte mir garantieren, dass der nächste Schritt der richtige oder ein Erfolg sein würde. Und was andere über mich dachten, konnte ich schon gar nicht beeinflussen. Plötzlich durchfloss eine unglaubliche Wärme meinen Körper und ich wusste, was ich zu tun hatte. Am nächsten Tag kündigte ich. Auch wenn ich immer mit Freude und Dankbarkeit auf meine Arbeit in der Organisation zurückblicken werde, habe ich meine Kündigung keinen Augenblick bereut.

MEINE BOTSCHAFT AN DICH

Ich bin hier, um Dir die Erlaubnis zu geben, JA zum Leben zu sagen und ihm vollkommen zu vertrauen. Die Zeit Dinge aufzuschieben ist vorbei. Mach Dir keine Gedanken darüber, was andere von Dir halten oder erwarten. Hüte Dich davor, die Kontrolle über Dein Leben an einen Lehrer, einen Guru oder ein System abzugeben. Fliege mutig und blind los und gehe Deinen Weg. Und denke immer daran, dass das Schlimmste, das Du Dir und Deiner Gesundheit antun kannst, *Halbherzigkeit* ist. Ob Du Erfolg hast oder nicht, tue alles aus vollem Herzen. Steh zu Deinen Entscheidungen. Vertraue Deiner inneren Führung. Würdige den Strom Deiner Erfahrungen und Beziehungen, bis jeder Zyklus sein natürliches Ende erreicht. Wenn Du dies tust, musst Du Dir keine Gedanken über die Zukunft machen, denn der Samen Deiner Träume liegt im Herzen Deiner *Verbindlichkeit*. Es geht darum, sich auf den Weg einzulassen, ohne das Ziel zu kennen.

FRAGEN ZUR KONTEMPLATION

- Wo in Deinem Leben bist Du *überengagiert* oder *überverbindlich*?

- Wo fühlst Du Dich wie ein Sklave oder so als würde man Dich ausnutzen oder übervorteilen?

- Was in Deinem Leben (die Arbeit, eine Beziehung, eine Gewohnheit) hat ein natürliches Ende erreicht?

- Was fürchtest Du wird passieren, wenn Du Deinem Gefühl folgst und das tust, von dem Du weißt, dass es ansteht?

- Wo fehlt es Dir an *Verbindlichkeit*? Was machst oder lebst Du nur *halbherzig*? Sagst Du eventuell Ja zu etwas, ziehst es aber dann nicht durch? Verbergen sich hinter Deiner scheinbaren Unstetigkeit Frustration, Angst oder Wut, die Du Dir nicht eingestehen magst?

- Wie kannst Du Dich stärker den Bedürfnissen Deiner Seele *verpflichten*?

- Denk an eine Zeit in Deinem Leben, in der Du *Hingabe* erlebt hast.

- Wo in Deinem Leben bist Du derzeit zufrieden mit Deinem Grad der *Verpflichtung* oder *Verbindlichkeit*? Schreibe Dir Beispiele hierzu in Dein Notizbuch.

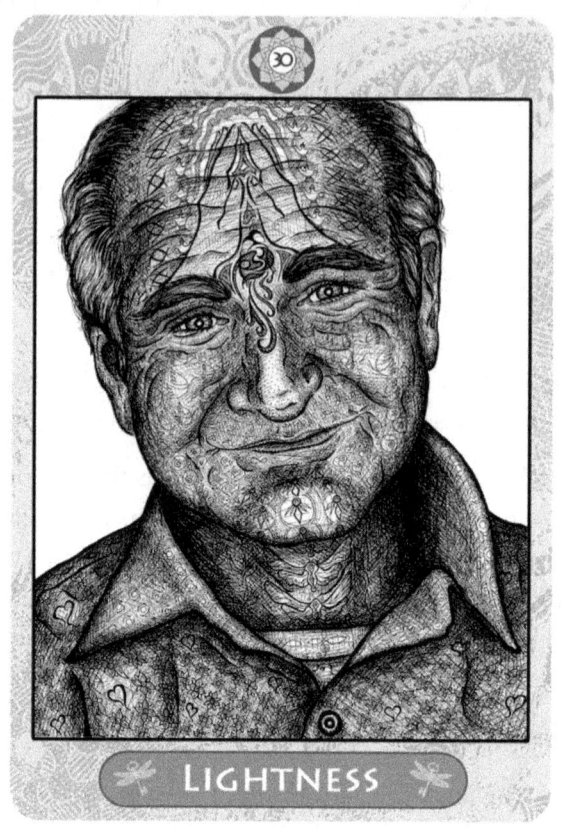

Wie wohl jeder Mensch in seinem Leben erfährt, ist der Kreislauf der Begierde ewig.

Gabe: Leichtigkeit
Schatten: Begierde
Siddhi: Verzückung
Programmierungspartner: 29

~ Richard Rudd

MEINE WEISHEITSGESCHICHTE

Man sagt, ich sei bei der Geburt wie eine Rakete aus dem Körper meiner Mutter geschossen und hätte getrunken wie ein Babywal. Sobald ich reden konnte, brachte ich Menschen zum Lachen. Und sobald ich laufen konnte, lief ich überall hin, wo ich nicht hingehen sollte. Ich war erfüllt davon, jeden Aspekt des Lebens im mich aufzusaugen. Das tat ich dann auch und wurde in jungen Jahren zum Schauspieler. Ich wollte Applaus hören. Ich liebte das Gefühl, jede beliebige Person verkörpern zu können und probierte alles aus, was mir in den Sinn kam. Schon bald packte mich die *Begierde*, reich und berühmt zu werden. Also lebte ich dies lange Zeit aus. Ich warf mit Geld nur so um mich und verschliss meine Fans.

Aber dieses *oberflächliche* Leben hinterließ auch ein Gefühl von Leere und Einsamkeit. Meine feinfühlige Seele verlangte nach etwas anderem, etwas Tieferem. Ich wollte jede einzelne meiner Gaben nutzen, um noch mehr Einfluss zu gewinnen. Bald war ich auf der ganzen Welt bekannt und beliebt. Aber ganz gleich wie groß oder beeindruckend meine Leistungen auch waren, ich bekam nie genug.

Eine Weile lang glaubte ich glücklich sein zu können, wenn ich meinem Instinkt vertraute. Als nächstes wollte ich, dass meine Auftritte die ganze Menschheit bewegen sollten. Aber immer noch verfolgte mich dieses Gefühl, noch mehr zu wollen. Bis zu dem Zeitpunkt, an dem das Feuer in mir nahezu erloschen war. Ich wurde depressiv und *todernst*. Das Einzige, was ich nun *begehrte*, war die *Begierde* loszuwerden.

Dann entdeckte ich den Buddhismus und meditierte stundenlang, um eins mit allem zu werden und meinen immerwährenden Schmerz zu überwinden. Doch ich stellte schnell fest, dass auch dies eine Form von *Begierde* war. Ganz gleich, was ich tat, ich konnte der *Begierde* nicht entkommen.

In dem Moment, in dem mir dies bewusst wurde und ich die Waffen streckte und akzeptierte, dass ich niemals frei von *Begierde* sein würde, begannen die Dinge sich zu verändern. Ich gewann an Leichtigkeit, ohne jedoch die Bodenhaftung zu verlieren. Ich hörte auf mein Leben kontrollieren zu wollen. Stattdessen ließ ich mich einfach auf alles ein, selbst auf die schmerzlichen Seiten wie beispielsweise meine eigene Hilflosigkeit gegenüber meiner *Begierde* und den Enttäuschungen, die unweigerlich daraus resultierten. Ich war endlich frei.

MEINE BOTSCHAFT AN DICH

Ich habe eine gute und eine schlechte Nachricht für Dich. Die schlechte lautet: Du hast Dein eigenes Schicksal nicht in der Hand und Du wirst niemals frei von *Begierde* sein. Die gute ist: Die schlechte Nachricht zu akzeptieren wird Dich frei machen und es Dir erlauben, dem Leben zu vertrauen. Es ist an der Zeit, Deine Wünsche und *Begierden* zuzulassen und Dir bewusst zu machen, dass dies nicht bedeutet, dass Du sie entweder erfüllen oder unterdrücken musst. Du kannst Dein Begehren willkommen heißen, ohne dass es deshalb Dein Leben bestimmen muss. Mensch zu sein ist eine ganz schön verrückte Reise und das Leben im Grunde ein Spiel, in dem Tragödie und Komödie sich die Hand reichen. Warum das Ganze nicht einfach genießen? Bewahre Dir Deinen Sinn für Humor. Gebe nicht vor alles locker zu nehmen, sondern eigne Dir eine wahre *Leichtigkeit* des Seins an. Mit dieser Haltung brauchst Du keine Angst vor Deinen Gefühlen zu haben, ganz gleich wie schmerzlich sie sein mögen. Die *Leichtigkeit* wird so hell in Dir leuchten, dass sie aus Deinen Augen strahlt, ganz gleich was passiert.

FRAGEN ZUR KONTEMPLATION

- Wo nimmst Du das Leben *zu ernst*?
- Hält Dich Dein striktes Einhalten bestimmter Prinzipien davon ab, Deiner wahren Leidenschaft zu folgen? Kann es sein, dass einige der *Begierden*, die Du unterdrückst, gar nicht so schlimm, gefährlich oder ungesund sind wie Du Dir angewöhnt hast zu glauben?
- Haben Dich Deine *Begierden* fest im Griff? Frönst Du zügellos Dingen, die sich gut anfühlen, ohne Verantwortung für die Konsequenzen zu tragen?
- Denke an jemanden, der für Dich die wahre *Leichtigkeit* des Seins verkörpert.
- Hast Du jemals einen Zustand der *Verzückung* erlebt? War es wundervoll, beängstigend, erhellend?

Wenn Du Erfolg auf der materiellen Ebene verstehen willst, dann sei Dir bewusst, dass das Herz der Schlüssel dazu ist.

Gabe: Führerschaft
Schatten: Arroganz
Siddhi: Demut
Programmierungspartner: 41

~ Richard Rudd

MEINE WEISHEITSGESCHICHTE

Mein Vater bewahrte wie schon sein Vater vor ihm die friedlichen Traditionen unseres Volkes, stand mit dem Land und der Erde in Verbindung und führte durch sein Auftreten und seine Präsenz, nicht durch seine Worte. Als ich noch ein kleiner Junge war, nahm mich der Staat meinen Eltern weg und steckte mich in ein christlich geprägtes Internat. Dort brachte man mir bei, dass die Mitglieder meines Stammes Heiden waren und unsere Lebensweise falsch war.

Im Laufe der Zeit wurde mein Widerstand gebrochen. Ich ordnete meinen Willen dem meiner Lehrer unter und vergaß die Werte und Lebensweise meines Volkes. Ich dachte, redete und handelte wie ein Weißer. Als ich Jahre später in mein Dorf zurückkehrte, betrachtete ich seine Einwohner mit *Spott* und Mitleid. In meiner Arroganz glaubte ich, dass sie nur ihre alten Bräuche aufgeben und sich wie der Rest der Welt verhalten müssten, um zu überleben und nicht länger zu leiden. Ich sprach zu meinem Volk, mit vorgetäuschter Demut und Phrasen, von denen ich glaubte, dass sie die Menschen erreichen würden. Ich zeichnete ein hoffnungsvolles Bild zukünftigen Wohlstands, wenn sie mir nur folgten.

Während ich sprach, war ich voller Zuversicht und Selbstvertrauen, fühlte mich als etwas Besonderes. Mein Vater und Großvater saßen währenddessen einfach nur still da. Als ich schließlich mein Volk aufforderte, mit mir den Weg aus dem Reservat anzutreten, rührte sich niemand. Stattdessen blickten alle auf meinen Vater und meinen Großvater, deren Führungsfähigkeit sie vertrauten – zwei Menschen, die keinerlei Interesse daran hatten, zu argumentieren oder anderen ihre Vorstellungen aufzuzwingen.

Als mein Großvater im Namen der Gemeinschaft sprach, in einfachen aber wirkungsvollen Worten, durchlief mich eine Welle von Schmerz und *Demut*. Ich hatte mit meinen Worten nicht mal an der Oberfläche der Wirklichkeit meines Volkes – und meines eigenen Leids – gekratzt. Warum in aller Welt sollten sie mir folgen wollen?

Ich verbrachte danach viele Jahre damit zuzuhören und die Geschichte meines Volkes aufzuzeichnen. Ich sammelte die Geschichten der Ältesten, der Frauen, der Kinder und all jener, die genau wie ich aus dem Stamm herausgerissen und in Internate gesteckt worden waren. Erst viele Jahre später, lange nachdem ich jeden Führungsanspruch aufgegeben hatte, fand ich einen Weg diese Geschichten auf eine Weise weiterzutragen, die die Herzen des weißen Mannes bewegten und mein Volk inspirierten, sich für seine Freiheit einzusetzen.

MEINE BOTSCHAFT AN DICH

Ich komme, um Dich von Deiner eigenen Konditionierung zu befreien und Dir bewusst zu machen, wie viel Wert Du immer noch auf das legst, was andere denken. Sei ehrlich mit Dir selbst. Wo – und wem gegenüber – bist Du *arrogant*? Wo verdrehst Du immer noch die Wahrheit, um bewundert und respektiert zu werden oder mehr Einfluss zu haben? Indem Du Dir diese Tendenzen bewusst machst, ganz gleich wie stark oder schwach sie vorhanden sind, wird Deine wahre Fähigkeit zur *Führung* geboren. Es ist an der Zeit, dass Du Dir der Grenzen Deines Verstandes bewusst wirst. Wahre *Führerschaft* braucht keinen überlegenen Intellekt oder Anerkennung durch andere. Sie erfordert nicht, dass Du immer im Vorhinein weißt, was Du sagen wirst. Es geht nicht einmal darum, Deine eigene Stimme zu finden und zu nutzen. Deine Aufgabe liegt vielmehr darin, anderen aufmerksam zuzuhören und Deine Stimme einzusetzen, um sie und ihre Anliegen zu vertreten. Ganz gleich was Du tust – Reden, Schreiben oder schöpferisch tätig sein – tu es mit *Demut* und aus Deinem Herzen heraus.

FRAGEN ZUR KONTEMPLATION

- Machst Du Dich schon einmal selbst vor anderen schlecht, um nicht *arrogant* zu erscheinen?
- Gibst Du manchmal Deine Macht an andere ab?
- Bist Du zuweilen arrogant? In welchen Situationen? Welche Gefühle verbergen sich hinter der *Arroganz*?
- In welchen Bereichen des Lebens lebst Du Deine Führerschaft? Warst Du schon einmal in der Lage, andere zu vertreten, indem Du ihnen wirklich zugehört und ihrem Anliegen eine Stimme gegeben hast?
- Führst Du im Geiste von *Demut* und Dienen?
- Denke an eine Führungspersönlichkeit in Deinem Leben oder der Welt, die Du respektierst. Welche Eigenschaften schätzt Du am meisten an dieser Person? Was könntest Du heute tun, um dieser Person ähnlicher zu werden?

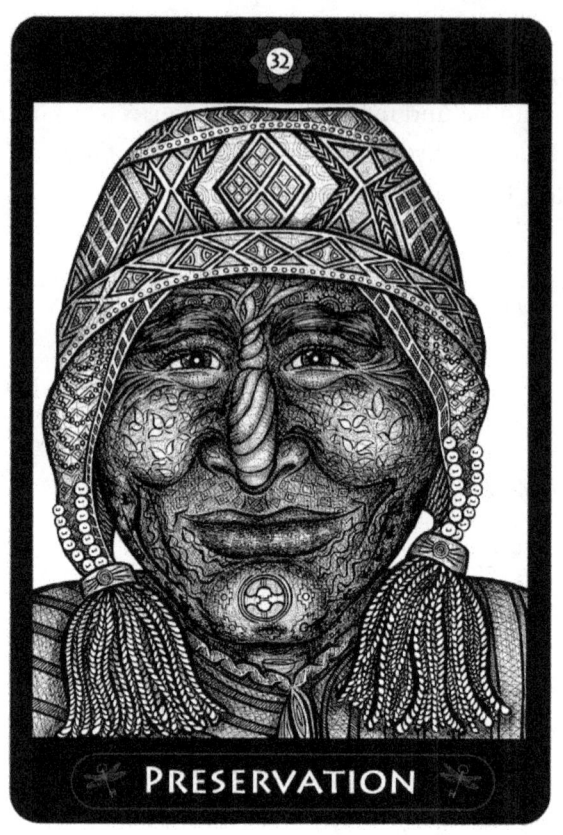

Wenn wir auf die große Weisheit unserer Ahnen und der Ureinwohner hören, werden wir unseren inneren Spirit wiederfinden.

Gabe: Bewahrung
Schatten: Versagen
Siddhi: Ehrfurcht
Programmierungspartner: 42

~ Richard Rudd

MEINE WEISHEITSGESCHICHTE

Mein jüngerer Bruder und ich wurden beide auserwählt, die heilerische Tradition unseres Stammes zu erlernen. Wir lebten Seite an Seite im Regenwald, jeder in seinem eigenen bescheidenen Lager. Wir teilten alles, was wir besaßen und dienten der gleichen Dorfgemeinschaft, bis eines Tages ein Fremder an einer der Zeremonien meines Bruders teilnahm und eine solche Wandlung erfuhr, dass er die Botschaft von den Heilkräften meines Bruders überall verkündete. Schon bald kamen Menschen aus aller Herren Länder, um mit meinem Bruder zu arbeiten.

Zuerst freute ich mich für ihn. Doch im Laufe der Zeit musste ich mit ansehen, wie sein kleines Lager zu einem Heilzentrum heranwuchs und er immer öfter in ferne Länder reiste, um Fremde, die nicht mit unserer Lebensweise vertraut waren, in Kontakt mit unserer Medizin und unseren Bräuchen zu bringen. Von diesen Reisen brachte er Objekte und Heiltechniken mit, die mir vollkommen fremd waren. Selbst die Art, wie er die Pflanzen schnitt und Medizin herstellte, erschien mir neu. Seine Pflanzen gediehen in einer Art und Weise, die mir unheimlich war.

Ich spürte, wie sich meine Brust vor Wut *zusammenzog* und eng wurde. Ich glaubte das läge daran, dass er unsere Ahnen verriet und dass es meine Aufgabe war, die Tradition zu bewahren. Als meine Schüler ihr Interesse an meinem Bruder bekundeten begann ich, mich wie ein *Fundamentalist* zu verhalten. Ich verbot ihnen, sein Zentrum zu besuchen und warnte sie vor seinen verdorbenen Methoden. Wenn mein Bruder sich mit mir versöhnen und mir

Geschenke machen wollte, wies ich ihn zurück. Bis er schließlich aufgab.

Meine Anhängerschaft wurde so klein und eng wie mein Herz. Langsam verlor meine Medizin ihre Wirksamkeit, meine Gebete bewirkten nichts mehr, die Tiere sprachen nicht mehr mit mir. Ich fühlte mich wie *zerrissen*. Meine Verbindung zum Großen Schöpfer war ebenso unterbrochen wie die zu meinem Bruder.

Er muss wohl gespürt haben, wie sehr meine Seele litt, denn er versuchte ein letztes Mal, mit mir in Kontakt zu kommen. Ich war zutiefst erschrocken, als ich den Schmerz in seinen Augen sah. Es war mir nie in den Sinn gekommen, dass seine Seele ebenfalls litt. Er hatte mich und meine Liebe und Unterstützung vermisst und fürchtete, ich würde alles verwerfen und ablehnen, was er tat.

Erst in diesem Moment wurde mir bewusst, dass meine eigene Angst vor dem Scheitern mich die Menschlichkeit meines Bruders hatte vergessen lassen. Ich nahm seine Hand in die meine und seither sind wir einander Lehrer, Schüler und bester Freund. Unsere Gemeinschaft und unsere heilerischen Fähigkeiten wachsen und gedeihen.

MEINE BOTSCHAFT AN DICH

Es mag Dir nicht gleich einleuchten, aber es ist dennoch wahr: Wenn Du Dich weigerst etwas anzunehmen, bist Du selbstsüchtig. Wenn Du wahrhaft erfolgreich sein möchtest, dann musst Du das gesamte Konzept von Erfolg und *Scheitern* loslassen. Ich bin hier, um Dir Mut zu machen. Ich möchte, dass Du Deinem Instinkt folgst und Dich aus Deiner Komfortzone herausbewegst. Bei der Gabe des *Bewahrens* geht es darum, das Leben selbst zu bewahren, nicht allein Dich selbst. Das erfordert, dass Du von der Weisheit Deiner Ahnen lernst und Dich darin erdest, gleichzeitig aber auch keine Angst hast, etwas Neues zu lernen, in neue Dinge zu investieren oder etwas von Menschen anzunehmen, die Dich inspirieren. Es ist an der Zeit, Dir Dein Leben anzuschauen und zu entscheiden, wer und was Deine Energie wert ist und was dem großen Ganzen förderlich ist. Entscheide, was Du am Leben erhalten willst und ehre dies mit Deinem ganzen Herzen.

FRAGEN ZUR KONTEMPLATION

- Wo wächst und gedeiht es in Deinem Leben? Wer (oder was) könnte sogar noch mehr von Deiner Fürsorge, Energie und Zeit profitieren?
- Wo hast Du das Gefühl, *gescheitert* zu sein?
- Hast Du Dich in Deinem Leben auf irgendeine Weise isoliert? Auf welche Weise hast Du das getan?
- Neigst Du dazu Menschen zu misstrauen, die anders sind als Du?
- Nutze Deinen Instinkt um herauszufinden, wer Deine wahren Verbündeten sind.
- Denke an einen Platz in Deinem Leben, an dem Du Dich Veränderungen widersetzt. Notiere Dir, was Du am meisten an der Art schätzt, wie die Dinge jetzt sind. Finde dann Wege, neues Leben und neuen Spirit in die alte Routine zu bringen.

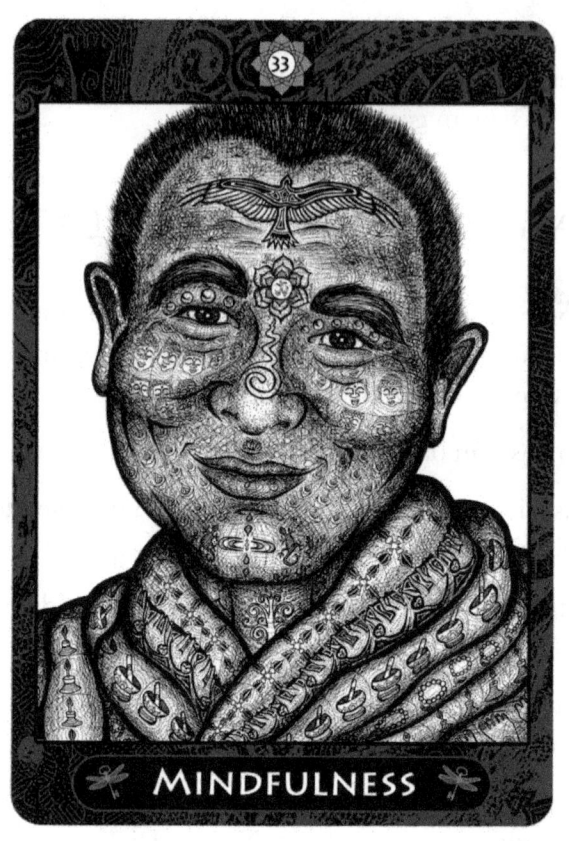

*Es gibt keine Situation auf der Welt,
die nicht als Mittel dienen kann,
um Deine Frequenz anzuheben und
Dein Herz für Deine innere Göttlichkeit zu öffnen.*

Gabe: Achtsamkeit
Schatten: Vergessen
Siddhi: Offenbarung
Programmierungspartner: 19

~ Richard Rudd

MEINE WEISHEITSGESCHICHTE

Meine Mutter war eine zornige Frau. Stets *bekrittelte* sie meinen Vater, sagte ihm, wie er sein und was er machen sollte – alles unter dem Vorwand, ihm helfen zu wollen. Die meiste Zeit nahm er es einfach hin. Aber manchmal explodierte er auch und das machte mir Angst. Alles, was ich mir wünschte, war diesem Spannungsfeld zu entkommen und Frieden zu finden. Eines Tages kam ein Mönch in unser Dorf. Ich war erst vier Jahre alt, aber ich klammerte mich an sein Bein und war nicht dazu zu bewegen, ihn wieder loszulassen. Ich hatte das Gefühl, ihn schon ewig zu kennen. Er bat meine Eltern um die Erlaubnis, mich mit in sein Kloster zu nehmen und sie stimmten zu, auch wenn ich sehen konnte, dass es ihnen das Herz brach.

Die nächsten Jahre verbrachte ich damit, in Stille zu leben, weit entfernt von den Menschen. Meine Tage waren geprägt von Meditation und der Arbeit im Kloster, und ich versuchte zu vergessen, wo ich herkam. Ich wollte nur eins: die Befreiung erreichen und die Welt der Illusion verlassen. Ich war ein *reservierter* Mensch, der sich die meiste Zeit sicher, ruhig und friedvoll fühlte.

Bis eines Tages, zum ersten Mal seit meiner Kindheit, meine Eltern das Kloster besuchten. Mein ganzer Körper sträubte sich, mein Herzschlag raste und ich wurde von einer Welle an intensiven Gefühlen überrollt, die ich schon lange nicht mehr gespürt hatte. Schnell schritt mein Lehrer ein. Mit strenger Stimme forderte er mich auf, meinen Eltern gegenüber Mitgefühl zu zeigen und mein Ego zu bezähmen. In einer Weise, wie ich es nie zuvor getan hatte, erhob ich meine Stimme gegen meinen Lehrer und wehrte mich wütend gegen diese Aufforderung, so als wäre er meine Mutter, die mir sagte, wie ich sein und was ich tun sollte. Plötzlich jedoch schoss mir die Röte ins Gesicht und mir wurde bewusst, was gerade passiert war.

Die Wut, die ich spürte, richtete sich nicht gegen meinen Lehrer oder meine Eltern. Diese Geschichte, die ich da auslebte, dieses Leid, das meinen ganzen Körper durchströmte, war so alt wie die Menschheit selbst. Ich beobachtete, wie mein Blut kochte und wie mir das Herz brach. Dann blickte ich auf meine Eltern, die nun in alten, müden Körpern steckten, und sah den Schmerz und die Verwirrung in ihren Augen. Dieser Besuch wurde zu einem Wendepunkt in meinem Leben und beendete mein Leben im Kloster. Ich war nun bereit, mich an alles zu erinnern und alles anzunehmen, das ich war, bin und sein werde. Es war an der Zeit, in die wunderbare, chaotische Welt zurückzukehren.

MEINE BOTSCHAFT AN DICH

Ich bin hier, um Dir beim Erinnern zu helfen und Dich aus dem Gefängnis Deines Gefühlslebens zu befreien. Auch wenn Du im Eiltempo die Erleuchtung erreichen möchtest, so ist dies doch unmöglich. Also gib Dir selbst jede Menge Raum und erlaube Dir alles – zu denken, zu fühlen, zu begehren, zu reagieren, Dich zu verstecken. Nichts ist verboten, alles ist erlaubt. Das Einzige, um das ich Dich bitte ist, dass Du bei dem, was Du tust, *achtsam* bist. Der erste Schritt des Erwachens besteht darin zu bemerken, dass Du zuvor geschlafen hast. Versuche also nicht Deine Muster oder Leidenschaften zu verändern. Erkenne sie einfach. „Ah, da ist es schon wieder." Achte darauf, wann Du Deine wahre Natur *vergisst*. Lerne Unbehagen und Unannehmlichkeiten zu Deinen Freunden zu machen. Du wirst im Laufe der Zeit ganz von selbst feststellen, dass etwas Wunderbareres als Du Dir überhaupt vorstellen kannst, aus Deinen Augen scheint, durch Deinen Geist denkt und durch

Dein Handeln offenbar wird. Am Ende bist Du wie ein Medium, durch das sich das Leben an sich selbst erinnert. Und alles, was Du erfährst, ist die *Offenbarung* des ewigen Jetzt.

FRAGEN ZUR KONTEMPLATION

- Auf welche Weise vermeidest Du Nähe und Intimität? Versteckst Du Dich hinter Deiner Arbeit, einer spirituellen Praxis oder einer Philosophie?

- Kommt es manchmal vor, dass Du ungefragt Ratschläge gibst oder Kritik übst, oder dass die Reaktionen anderer, auf das was Du sagst, Dich überraschen?

- Wenn es Dir egal wäre, ob Du erleuchtet wirst oder nicht, welches Gefühl, welche Sehnsucht oder welches Bedürfnis könntest Du dann leichter erkennen und offen eingestehen?

- Übe Dich heute in *Achtsamkeit*. Beobachte einfach Deine Gedanken, Impulse und Handlungen, ohne den Versuch sie zu verändern, sie in andere Bahnen zu lenken oder sie zu bekritteln. Beobachte, bei welchen es Dir am schwersten fällt, sie mit neutralem Mitgefühl zu betrachten.

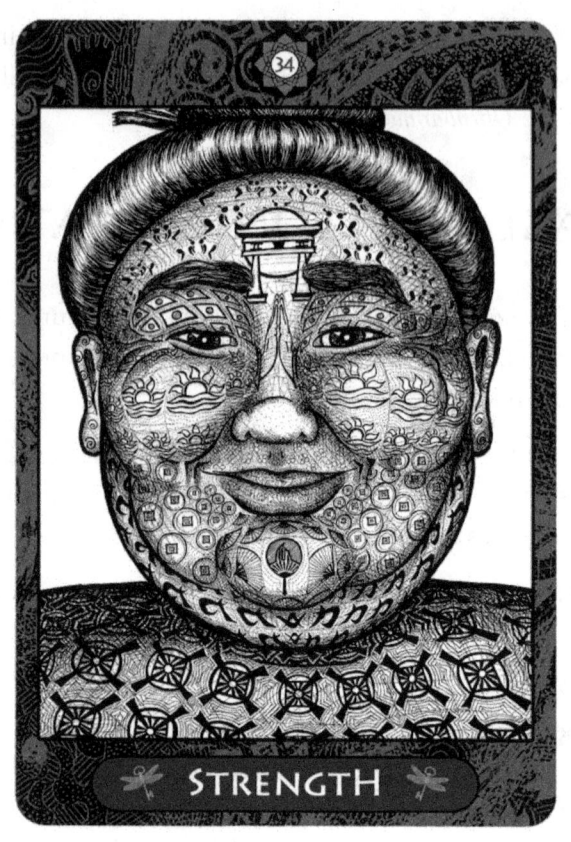

*Wir sprechen hier über die Fähigkeit, in Harmonie
mit natürlichen Kräften zu handeln –
das ist die wahre Definition von Stärke.*

Gabe: Stärke
Schatten: Gewalt
Siddhi: Würde
Programmierungspartner: 20

~ Richard Rudd

34

MEINE WEISHEITSGESCHICHTE

Als Kind war ich klein und dürr und wurde ständig gehänselt. Meine Eltern hatten mich dazu erzogen, still und bescheiden zu sein, und so ließ ich mir alles gefallen. Anstatt mich zu wehren, schluckte ich meine Gefühle mit viel Essen hinunter. Als ich größer und kräftiger wurde, nahmen die Hänseleien nur noch zu. Einmal schikanierte mich ein Junge mit einem Stock. Zur Überraschung aller, inklusive meiner eigenen, stürzte sich mein Körper plötzlich mit ungeheurer *Gewalt* auf ihn. Erst als er wimmernd am Boden lag, kam ich wieder zu mir.

In der Schule sprach sich meine große Körperkraft herum. Ich befolgte den Rat eines Lehrers, der mir vorschlug, es mit Sumo-Ringen zu versuchen. Beim Training wurden meine Fähigkeiten schnell erkannt und ich fand Aufnahme in einer Sumo-Schule. Jeder Aspekt meines Lebens wurde dort stark reglementiert und war von strengen Traditionen geprägt. Meine Fähigkeit zur Selbstverleugnung wurde gelobt und ich befolgte stets alle Regeln – außer im Ring. Ich schaute in die Augen meines Gegners und sah dort die Kinder, die mich schikaniert hatten. Wut und der Drang, den anderen zu demütigen überkamen mich und meine Technik litt darunter. Manchmal verlor ich deswegen, aber noch häufiger wurde ich disqualifiziert.

Eines Tages warf mein Trainer mir meine *Sturheit* vor. Ich sagte ihm, dass ich wirklich versuchte mein Bestes zu geben. Er blickte durch meine Wut hindurch direkt in den Schmerz und die Traurigkeit in mir. Dann sagte er etwas, das ich niemals vergessen werde: „*Gewalt* kommt aus dem Kopf, aber wahre *Stärke* sitzt im Bauch." Dann erzählte er mir, dass Sumo-Ringen im Grunde gedacht war als Akt der Harmonie, eine heilige Gelegenheit Dankbarkeit zu verkörpern und das Herz zu läutern. Es ginge nicht darum Gegner zu vernichten. Der Ring sei allein da, um mir sowohl Freiheit als auch Grenzen zu geben und beides bräuchte ich. Dann lehrte er mich, wie man damit aufhört, etwas zu versuchen, etwas mit Gewalt zu erzwingen, Widerstand zu leisten und zu sehr im Kopf zu sein.

In den folgenden Jahren lernte ich mein „Selbst" so vollständig loszulassen, dass ich nun überall bekannt bin für mein Zusammenspiel aus Urkraft und reinem Bewusstsein, das wie ein Tanz anmutet. Ich bin zufriedener und glücklicher, als ich mir es jemals hätte erträumen können.

MEINE BOTSCHAFT AN DICH

Ich bin hier, um Deine *Stärke* zu würdigen und Dich zu bitten, Dein Herz zu läutern, indem Du Dich von dem Kampf in Deinem Kopf verabschiedest. Achte darauf, die Menschen in Deiner Umgebung nicht als Feinde zu sehen. Deine wahren Feinde sind Deine eigenen fehlgeleiteten Gedanken, Deine reaktiven Emotionen und alles in Dir, das Dich vom jetzigen Moment abbringt. Es ist an der Zeit, die Dinge nicht mehr forcieren oder in eine bestimmte Richtung lenken zu wollen, nur weil Dein Verstand das gerne möchte. Bleibe offen für Einflüsse von außen. Stimme Dich ein auf die Natur und die Menschen um Dich herum. Höre dem Fluss des Lebens zu und Du wirst ein Teil von ihm werden. Tief in Deinem Bauch sitzt ein unerschöpflicher Quell innerer Stärke, der größer ist, als Du Dir vorstellen kannst.

FRAGEN ZUR KONTEMPLATION

- Hast Du Angst vor Deiner eigenen Stärke/Kraft?
- In welchen Situationen neigst Du dazu sie zurückzuhalten?
- Hast Du einmal gelernt, dass man *Gewalt* einsetzen muss, um das zu bekommen, was man will? Inwieweit könnte dieser Glaube Dein Leben noch heute beeinflussen?
- Warst Du selbst (oder andere) schon einmal erstaunt über die Wirkung, die Du haben kannst?
- Hast Du Dich jemals einer körperlichen Betätigung, einem Tanz oder einer Bewegung so hingegeben, dass Du jegliches Zeitgefühl verloren hast?
- Erinnere Dich an eine Zeit, in der Du innere *Stärke* erfahren hast. Wo warst Du damals? Was ist passiert? Wie fühltest Du Dich?
- Finde ein Bild, das für Dich echte *Würde* repräsentiert. Stelle es irgendwo auf, wo Du es gut und häufig sehen kannst. Notiere Dir alle Gedanken, die Dir dazu kommen.

Mit offenem Herzen zu leben, heißt in einem ständigen Zustand des Abenteuers zu leben.

Gabe: Abenteuer
Schatten: Hunger
Siddhi: Grenzenlosigkeit
Programmierungspartner: 5

~ Richard Rudd

MEINE WEISHEITSGESCHICHTE

Ich wurde in einen ausgesprochen langweiligen Haushalt hineingeboren, als Kind von fantasielosen Eltern, die ein Leben voller Selbstgefälligkeit und harter Arbeit führten. Ihre Angst vor allem, was ihnen *abenteuerlich* erschien, löste in mir eine unerfindliche Rastlosigkeit aus. Ich hatte keine Ahnung, was ich eigentlich wollte, aber ich *hungerte* nach mehr und ich wollte es sofort. Zuerst verschlang ich das Essen auf meinem Teller. Dann verlagerte sich mein *Hunger* auf Alkohol, Frauen und Geld.

Nach Jahren, in denen ich meinen Bauch, mein Bett und mein Bankkonto gefüllt hatte, war es an der Zeit, die gesamte Welt zu erobern. Also brach ich auf in ferne Gefilde und sammelte dort neue Reichtümer und Romanzen. Ich eroberte ganze Länder und die in ihnen lebenden Menschen. Ich war manisch und so zerfressen vom Hunger nach Fortschritt und der Chance, Neues zu erforschen, dass mir gar nicht auffiel, dass ich alles und jeden ausbeutete. Und nie war es genug. Jedes neue Land, jeder Handel und jede Frau *langweilten* mich irgendwann. Immer wollte ich etwas zurückbekommen, erntete aber am Ende nur Enttäuschung und Wut.

Eines Tages riss ich in meinem Ekel vor der Welt einen äußerst wertvollen Ring von meinem Finger und bewarf damit einen jungen Bettler auf der Straße. Mein Ziel war ihn zu verletzen. Aber als er entdeckte, was für einen Schatz er da bekommen hatte, strahlten seine Augen wie die Sonne und er sah mich so voller Dankbarkeit an, dass mein Herz einen Schlag lang aussetzte. Ich versuchte das

Erlebnis zu vergessen, aber Wochen später spürte der Junge mich auf, schleppte mich in sein bescheidenes Heim und zeigte mir, welche Erleichterung der Ring seiner Familie gebracht hatte. Ich konnte der Kraft ihrer Liebe nicht widerstehen.

Von diesem Tag an begab ich mich auf Entdeckungsreise in mein eigenes Herz. Je tiefer ich mich hinein begab, umso mehr wurde mir die Großartigkeit der Welt bewusst. Ich war nicht länger getrieben von der Angst vor *Langeweile*. Stattdessen bewegte mich eine tiefe Liebe zum Unbekannten und zu dieser großartigen Welt, von der ich einfach nur ein bescheidener Teil war. Heute lebe ich in einem ständigen Zustand des *Abenteuers*. Wann immer ich die Chance bekomme etwas wegzugeben, tue ich es. Es gibt keine größere Erfüllung als der Blick in die leuchtenden Augen eines dankbaren Menschen.

MEINE BOTSCHAFT AN DICH

Ich komme zu Dir, um dafür zu sorgen, dass die Fortschritte in Deinem äußeren Leben nicht auf Kosten Deines Innenlebens gehen. Du wirst Deine Probleme nie lösen, indem Du Dich und Dein Leben mit Erfahrungen, Menschen oder Objekten vollstopfst. Du sollst aber auch nicht darben. Es ist an der Zeit, dem *Hunger* in Dir mit Demut zu begegnen. Erlaube Dir zu sehen und zu fühlen, wie sehr er Dich im Griff hat und dass so viele Deiner Handlungen (wenn nicht sogar die meisten) aus diesem unersättlichen Verlangen heraus geschehen. Erst wenn Dir das bewusst ist, wirst Du beginnen die Freiheit und Grenzenlosigkeit zu spüren und zu erleben, die Du wirklich suchst. Es ist an der Zeit bedingungslos zu geben, denn bedingungsloses Geben ist der Weg zu Freiheit, Freude und *grenzenlosem Abenteuer*. Schau in die Welt und frage Dich: „Was kann ich noch alles geben?"

FRAGEN ZUR KONTEMPLATION

- Ist Dein Leben langweilig oder fehlt es Dir an *Abenteuern*?
- Versuchst Du um jeden Preis *Langeweile* zu vermeiden, indem Du Dich beschäftigt hältst oder ständig nach der nächsten, noch besseren Erfahrung Ausschau hältst?
- Wo ist Dein *Hunger* unstillbar?
- Wo versagst Du Dir Dinge?
- Wann hattest Du zuletzt das Gefühl, ein wahres *Abenteuer* zu erleben? Wann hattest Du ein Gefühl von *Grenzenlosigkeit*?
- Gibt es ein *Abenteuer* im Innen oder Außen, das Dich derzeit lockt?
- Was könnte ein Wegbereiter zur Öffnung Deines Herzens sein?
- Denke an eine einfache freundliche Tat, die Du heute tun könntest und tu sie. Notiere in Deinem Notizbuch, wie es sich angefühlt hat, bedingungslos zu geben.

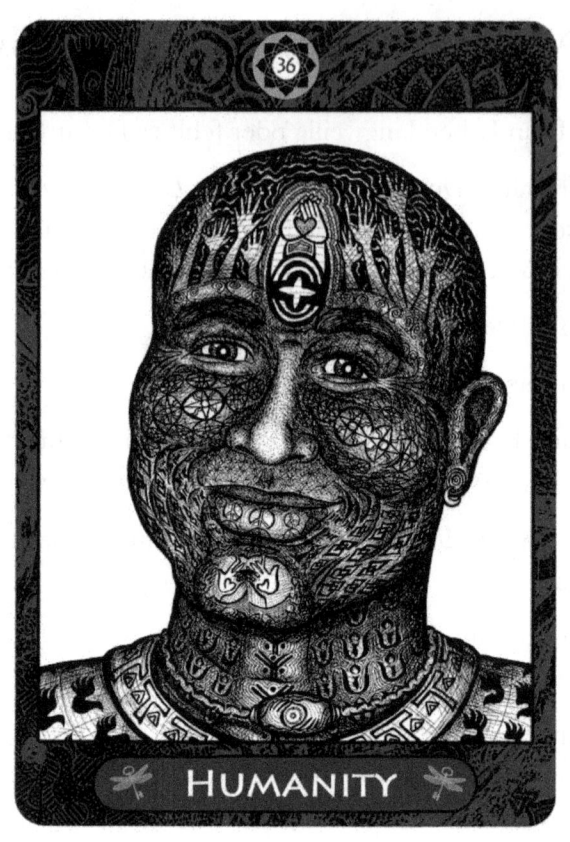

Die tiefste Rolle der Gabe des 36. Genschlüssels ist Menschen zu helfen, menschlich zu werden, indem Du sie respektierst und Dein eigenes Leid umarmst, wie immer es auch aussehen mag, anstatt im Opferbewusstsein zu versinken.

Gabe: Mitmenschlichkeit
Schatten: Aufgewühltheit
Siddhi: Mitgefühl
Programmierungspartner: 6

~ Richard Rudd

36

MEINE WEISHEITSGESCHICHTE

Alle erwarteten von meinem Vater, dass er ein schwarzes Schaf wäre, und er erfüllte diese Erwartung. Er betrog meine Mutter, war aufbrausend und richtete Chaos an, wo auch immer er war. Wie viele der Männer in unserem Viertel war er ein Draufgänger, überschritt Grenzen, handelte sich immer wieder Ärger ein und rutschte von einer *Krise* in die nächste. Dabei hatte er keineswegs die Absicht uns weh zu tun. Deshalb verbarg er wohl auch so viel vor uns und bat um Vergebung, als meine Mutter und meine Großmutter ihn schließlich aus dem Haus warfen.

Beide waren starke Frauen, die sich viel Mühe gaben, mich zu erziehen und zu beschützen. Das war keine leichte Aufgabe in unserem Viertel, in dem wir genauso viel Angst vor der Polizei hatten wie vor den Gangs. Ich sah mehr menschliche Tragödien als ein kleiner Junge sehen sollte. Auch verfolgte ich die Nachrichten und erlebte, auf welche Weise Männer wie mein Vater dort dargestellt wurden. Ich schwor, dass ich niemals wie er werden und anderen nicht so viel Kummer bereiten würde.

Wenn ich als Teenager Wut oder Lust verspürte, ging ich mit meiner Großmutter in die Kirche und betete dafür, dass mir meine sündigen Gedanken genommen würden. Doch mit der Zeit wuchs der Druck und meine *innere Unruhe* zeigte sich in Form von Tics. Obwohl ich in meinem Inneren feinfühlig war und andere mir am Herzen lagen, vermied ich immer häufiger den Augenkontakt und wirkte dadurch verschlagen. Man konnte schwer zu mir durchdringen und ich hatte nur wenige Freunde, obwohl es ein

Mädchen in meiner Gemeinde gab, in das ich insgeheim verliebt war. Ich war allerdings zu schüchtern, um sie anzusprechen und so folgte ich ihr eines Tages nach Hause und schaute heimlich durch ihr Fenster. Sie bekam mit, dass sich jemand im Gebüsch versteckte und rief die Polizei.

Sicher kannst Du Dir vorstellen, wie sehr ich mich schämte, als meine arme Mutter und Großmutter ins Gefängnis kamen und mich auf Kaution herausholten. Sobald das Mädchen erfuhr, wer ich war, ließ sie die Anklage fallen. Dennoch musste ich einige Stunden mit einem Sozialarbeiter verbringen. Etwas in seinen Augen sagte mir, dass er mich verstand. Er wusste aus eigener Erfahrung, wie Leid aussah. Und er sah nicht nur meine Angst, Scham und *innere Unruhe*, sondern auch das Gute in mir. Es war eine merkwürdige und wunderbare Erfahrung, dass ein Mann mich ermunterte, über meine Gefühle zu sprechen. Ich wusste sofort, dass ich eines Tages das machen wollte, was er tat. Ich würde das Gute in jedem Menschen sehen, der mir begegnete. Ich würde Menschen in die Augen blicken und sie mit ganzem Herzen wissen lassen, dass sie genau so, wie sie waren, in Ordnung waren – ganz gleich wie sie sich fühlten, wie sie aussahen oder woher sie kamen.

MEINE BOTSCHAFT AN DICH

Ich komme zu Dir, um Deine *Mitmenschlichkeit* zu feiern, Dich an Deine innere Güte zu erinnern und Dir zu versichern, dass nichts, das Du fühlst, in sich falsch ist. Oder schlecht. Ganz gleich, was Du im Leben getan oder erlebt hast, im Kern bist Du unschuldig. Wichtig ist nicht, was Du fühlst, sondern wie Du mit Deinen Gefühlen umgehst. Ich möchte Dich bitten, Deine Gefühle weder abzulehnen noch unmittelbar aus ihnen heraus zu reagieren. Nehme sie einfach wahr und beantworte jeden *Gefühlstumult* in Deinem Inneren mit Mitgefühl. Innere Unruhe bedeutet einfach nur, dass es Gefühle gibt, die angesehen und angenommen werden wollen. Lauf nicht vor Deinem Schmerz davon, denn am anderen Ende des Gefühlsspektrums wartet Freude auf Dich.

FRAGEN ZUR KONTEMPLATION

- An welcher Stelle vermeidest Du Aufruhr oder Veränderungen in Deinem Leben?
- Fällt es Dir schwer, Dich zu entspannen, Menschen an Dich heran zu lassen oder Deine Sexualität uneingeschränkt zu leben?
- Neigst Du dazu emotionale Krisen anzuziehen?
- Welche Gefühle verurteilst Du am ehesten als schlecht oder beschämend?
- Welche Menschen in Deinem Leben sind oder waren in der Lage, Deine *Mitmenschlichkeit* zu erkennen, selbst als sie Dir nicht bewusst war? Erstelle eine Liste und bewahre sie in Deinem Notizbuch auf. Wenn Dir derzeit niemand einfällt, solltest Du Dir vielleicht Unterstützung suchen.

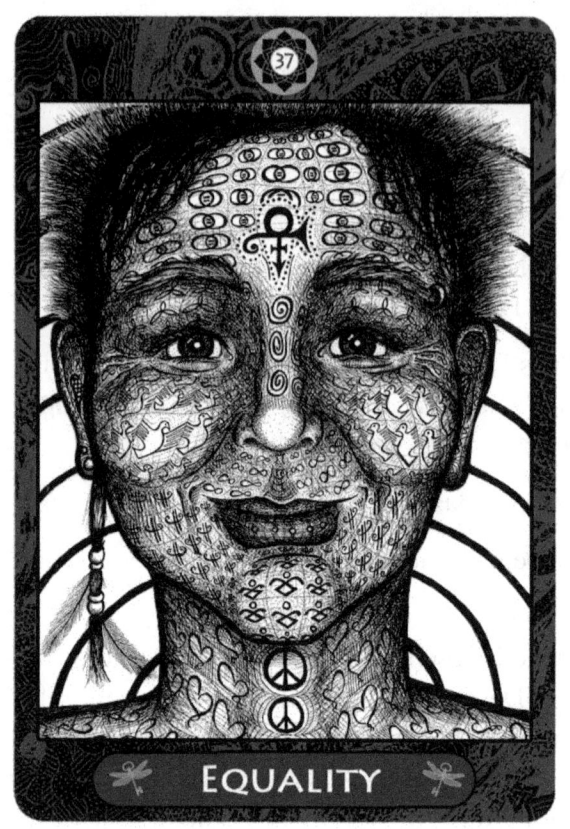

Aus Sicht des menschlichen Herzens ist die gesamte Menschheit eine einzige Familie.

Gabe: Gleichwertigkeit
Schatten: Schwäche
Siddhi: Zärtlichkeit
Programmierungspartner: 40

~ Richard Rudd

MEINE WEISHEITSGESCHICHTE

Obwohl ich in einen weiblichen Körper geboren wurde, fühlte ich mich tief in meinem Inneren immer als Junge. Meine Familie war recht konventionell. Mein Vater arbeitete, meine Mutter kümmerte sich um uns Kinder und war finanziell komplett von ihm abhängig. Er behandelte sie häufig wenig respektvoll und mit einer gewissen *Grausamkeit*, so als wäre sie *schwach*, *rührselig* und vor allem nett anzusehen.

Je älter ich wurde, umso mehr hatte ich das Gefühl, dass Männer wie er die Welt regierten. Also lehnte ich meinen Vater, das Patriarchat und auch den Jungen in mir ab. Ich solidarisierte mich vollkommen mit meiner Mutter und wurde so zum Mädchen, ganz gleich wie schmerzlich oder falsch sich das anfühlte. Ohne dass es mir bewusst war, setzte ich in den folgenden Jahren jeden männlichen Anteil in mir dafür ein, alles Weibliche zu verherrlichen und zu unterstützen. Ich verfolgte die Vision einer Welt, in der Frauen die Führung übernahmen. Als Aktivistin und Rednerin steckte ich Frauen in aller Welt mit meinen Idealen an. Ich brachte es zu finanzieller Unabhängigkeit und verhandelte im Namen der Frauen in aller Welt mit den „Mächtigen" um Rechte und Privilegien.

In meinem Privatleben allerdings war ich ein emotionales Wrack. Ich verprellte meine Partner ständig mit unfairen und *grausamen* Anschuldigungen und meinem unersättlichen Bedürfnis, Gefühle zu verarbeiten. In Wahrheit kämpfte ich die ganze Zeit nur um eines: akzeptiert zu werden. Doch ich konnte mich nicht einmal selbst annehmen. Ich war zu *schwach*, um mir selbst einzugestehen oder anderen mitzuteilen, wie ich mich im Inneren fühlte oder wie ich gerne leben würde. Ich hatte keinerlei Vertrauen, dass meine Partner mich auch als Mann lieben könnten oder dass die Welt einen Freak wie mich akzeptieren würde. Ich war davon überzeugt, dass die Gemeinschaft der Frauen mich nicht länger als Führerin sähe, wenn sie herausfände, wie ich mich wirklich fühlte. Ich wäre bestenfalls eine Außenseiterin, vielleicht sogar eine Feindin.

Als der Schmerz, mir ständig selbst etwas vorzumachen zu groß wurde, beschloss ich eine Selbsthilfegruppe für Transgender zu besuchen, in einer Stadt, in der mich niemand erkennen würde. Ich saß ganz hinten im Raum und hörte einfach nur zu. Wieder und wieder bekam ich von unterschiedlichen Menschen meine eigene Geschichte zu hören. Aufgrund ihres Mutes konnte ich mich selbst finden und erkennen: meinen Schmerz, meine Sehnsucht, meine Einsamkeit… und eine überwältigende Angst. Am Ende des Meetings kam jemand auf mich zu und ich bekam einen Riesenschreck, weil es eine Person war, die ich kannte. Ich erwartete angegriffen zu werden, doch stattdessen erhielt ich eine liebevolle Umarmung. In diesem Moment wusste ich, dass ich meinen Weg zu mir selbst finden würde und dass es Menschen gab, auf deren Unterstützung ich zählen konnte.

MEINE BOTSCHAFT AN DICH

Ich bin Deine Freundin. Ich verspüre große Achtung vor Dir. Und ich möchte nicht, dass Du änderst, wer Du tief in Deinem Inneren bist. Du bist ein einzigartiges, wertvolles Wesen und es gibt einen Platz für Dich in dieser Welt. Ich schaue mit großer *Zärtlichkeit* auf Dich. Es ist an der Zeit, Deinen Platz einzunehmen, und zwar mit Stolz, Bescheidenheit und tiefer Selbstannahme. Wenn Du Dich selbst betrachtest, solltest Du Deine *Schwäche* und Verletzlichkeit als Deine Stärke sehen. Wenn Du die Welt betrachtest, dann sehe über Polaritäten, geschlechtsspezifische Stereotype und Begriffe wie

Patriarchat und Matriarchat hinaus. Richte Deinen Blick auf die Synthese, die Schönheit des zusammenhängenden Ganzen, die uns allen zur Verfügung steht. *Gleichwertigkeit* ist Dein Geburtsrecht. Du und ich, wir sind eine Familie.

FRAGEN ZUR KONTEMPLATION

- Gibt es einen Teil von Dir, den es Dir schwerfällt zu lieben? Wie kannst Du in diesem Moment Dein ganzes Selbst am besten akzeptieren und unterstützen?
- Was siehst Du als eine *Schwäche* von Dir? Kannst Du die sich darin verbergende Stärke erkennen?
- Kannst Du alle Menschen gleichermaßen annehmen? In welchen Situationen fällt es Dir schwer?
- Wenn Du Dir selbst heute *Zärtlichkeit* beweisen würdest, wie würde das aussehen? Was würdest Du tun?
- Teile Deine *Zärtlichkeit* mit einer Person, die diese wirklich brauchen kann.

*Im Laufe der Zeit wirst Du durch Beharrlichkeit,
Liebe und Vertrauen den Sieg davontragen
und Deine eigene Göttlichkeit spüren.*

Gabe: Ausdauer
Schatten: Kampf
Siddhi: Ehre
Programmierungspartner: 39

~ Richard Rudd

MEINE WEISHEITSGESCHICHTE

Mein älterer Bruder starb, als ich noch klein war, und meine Mutter verfiel daraufhin in eine tiefe Depression. Ich war ein lebhaftes Kind und versuchte alles, um sie aus ihrer Trauer zu locken. Aber der Schmerz fraß sie auf und am Ende nahm sie sich das Leben. Ein solcher Akt der totalen Aufgabe war in unserem Land undenkbar. Die Leute redeten, und das machte mich so wütend, dass ich oft am ganzen Körper zitterte.

Da ich nicht wusste wohin mit der dauernden Anspannung in meinem Körper, begann ich ständig und überall zu kämpfen. Ich liebte das Gefühl, meinen Körper zu fordern. Zu kämpfen (und zu gewinnen) gab meinem Leben einen Sinn und mir das Gefühl von Macht. Doch manchmal ließ ich meine Aggressionen auch an hilflosen Tieren und meinen jüngeren Geschwistern aus. Das Kämpfen wurde für mich zur Sucht und ich wusste nur selten, wann es an der Zeit war die Notbremse zu ziehen.

Als ich älter war, wurde ich ein mächtiger Krieger mit der Gabe, andere zum Handeln zu inspirieren. Aber meine persönlichen Gefühle trübten häufig meine Urteilsfähigkeit. Einmal führte ich eine ganze Armee ins Feld, weil jemand aus einem anderen Dorf die *Ehre* meiner Mutter beleidigt hatte. Weil ich auf meiner Rache bestand, wurden viele Menschen verletzt, einige fanden sogar den Tod.

Kurz bevor wir einen weiteren Angriff starteten, lief ein kleiner Junge aus dem Dorf, der etwa in dem Alter meines verstorbenen Bruders war, auf mich zu und warf mir aus lauter Verzweiflung die

Arme um den Bauch. Er flehte mich an den Streit zu beenden und rief: „Warum kämpfen wir? Ich verstehe es nicht!" Als seine Frage meine tauben Ohren und mein verhärtetes Herz erreichte, wachte ich auf.

Ich begann wieder zu atmen. All die Jahre hatte ich nicht bemerkt, wie eng mein Brustraum gewesen war. Ich wusste, dass der kleine Junge Recht hatte. Wenn meine Mutter noch lebte, hätte sie nie gewollt, dass ich unschuldige Menschen tötete, um ihre *Ehre* zu verteidigen. In unserem Dorf gab es schon genug Elend und Leid. Und hier war ich, ihr Sohn, und kämpfte für lauter Dinge, die am Ende überhaupt nicht wichtig waren. *Ehre* erwies ich damit niemanden. Mir wurde bewusst, dass ich tief in meinem Inneren geglaubt hatte, dass ich verschwinden würde, wenn ich nicht kämpfte – so wie meine Mutter es getan hatte. Und mein Bruder. Danach änderte sich plötzlich alles. Ich nahm den kleinen Jungen unter meine Fittiche und heute kämpfen wir nur noch für Dinge, für die es sich zu kämpfen lohnt und die dem Wohl aller Menschen und der Erde dienen.

MEINE BOTSCHAFT AN DICH

Ich bin hier, um den heiligen Krieger in Dir zu wecken. Es ist an der Zeit, *Ausdauer* zu zeigen und der heldenhafte Underdog zu sein. Gib den Kampf nicht auf. Stell einfach nur sicher, dass Du für die richtige Sache kämpfst. Hindernisse sind ein natürlicher Teil des Lebens. Sie sind hier, um Deine Beharrlichkeit zu testen und Deine Fähigkeiten zu verfeinern. Sie sind hier, um Dir ein Gefühl von Lebendigkeit und Deinem Leben Sinn zu geben. Es ist an der Zeit, Deine Niederlagen zu umarmen. Sorge dafür, dass sie Dich stärker, widerstandsfähiger und flexibler machen. Du hast die Fähigkeit, einen Kampf zum Tanz werden zu lassen und Menschen, die Dir am Herzen liegen die Kraft zu geben, sich selbst aus der Opferrolle zu befreien. Wenn Du für die Liebe kämpfst und nicht aus der Angst heraus, gewinnen am Ende alle. Du brauchst nicht alles bis zum Ende zu durchdenken oder Dich zu fragen, ob andere Dich für einen Narren halten. Geh einfach los und finde eine gute Sache, in die Du Dich mit Herz, Körper und Seele stürzen kannst.

FRAGEN ZUR KONTEMPLATION

- Wo im Leben bekämpfst Du Dich selbst? Gibst Du Dir häufig die Schuld an etwas? Gibt es einen inneren Kritiker? Führt all dies dazu, dass Du Dich oft machtlos und leer fühlst?
- Hast Du Angst davor zu kämpfen, selbst wenn es um eine gute Sache geht?
- Neigst Du dazu, gegen die falschen Menschen und Dinge anzukämpfen?
- Sabotierst Du manchmal Beziehungen durch Dein kämpferisches Verhalten?
- Was wäre eine Sache, für die es sich lohnt zu kämpfen?
- Denk zurück an eine Situation, in der Du *Ausdauer* und Beharrlichkeit gezeigt hast und froh darüber warst. Wie fühlte sich das an? Was war erforderlich, damit Du diese Qualitäten zeigen konntest?
- Setze Dich heute für etwas oder jemanden ein. *Ehre* das, was wirklich wichtig ist.

Wenn Du das tust, was Du wirklich liebst, wirst Du Deinen kreativen Tatendrang freisetzen und je kreativer Du bist, umso mehr Energie wird Dir zur Verfügung stehen.

Gabe: Tatendrang
Schatten: Provokation
Siddhi: Befreiung
Programmierungspartner: 38

~ Richard Rudd

MEINE WEISHEITSGESCHICHTE

Alle nannten meinen Vater einen Heiligen. In der Kirche war er ein dynamischer und leidenschaftlicher Prediger. Zuhause war er streng, gemein und provokativ. Wir durften nicht wie die anderen Kinder spielen. Stattdessen mussten wir die heilige Schrift lesen und in der Kirche aushelfen. Wenn wir Unsinn machten oder uns kindlich verhielten, drohte er uns mit ewiger Verdammnis. Er wusste genau, was er sagen musste und wie er es sagen musste, um uns das Fürchten zu lehren.

Während meine Geschwister brav nickten, mit „Yes, Sir" antworteten und langsam in Passivität und Interesselosigkeit versanken, fühlte ich mich *gefangen* und wuterfüllt. Ich konnte durchaus selber gut austeilen und warf meinem Vater ständig seine Scheinheiligkeit vor. Einmal schrie ich: „Du bist kein Heiliger! Dich zum Vater zu haben ist die Hölle!" Meine Worte machten ihn so wütend, dass er mich mit einem Gürtel verprügelte. Anstatt sich anschließend zu entschuldigen sagte er, er wolle nur dafür sorgen, dass ich keinen Ärger bekäme und nicht der ewigen Verdammnis anheimfiele. Aber ich glaubte seine Ausreden nicht.

Als ich von zuhause wegging, schwor ich mir, dass ich nie so werden würde wie mein Vater. Als junger Mann nutzte ich meine scharfe Zunge, um seine Religion zu kritisieren und meine Entscheidungen, meinen Lebensstil und mein Liebesleben zu verteidigen. Obwohl wir uns nicht mehr sahen, war ich Jahre lang in einen massiven Machtkampf mit meinem Vater verstrickt. Dann kam der Anruf. Mein Vater lag im Sterben und es war an der Zeit,

Abschied zu nehmen. Ich betrat sein Schlafzimmer und da lag er – klein und hilflos und so gar nicht der Mann, den ich so vehement bekämpft hatte. Er konnte nicht mehr sprechen, also sah er mich nur an und lächelte.

Zum ersten Mal in meinem Leben sah ich in ihm das Kind, das nie hatte spielen dürfen. Ich sah seine Liebe, sein Bedauern darüber, wie er mich behandelt hatte und seinen Wunsch, mich vor dem Schmerz zu beschützen, den er erlebt hatte. Ich war überwältigt von meiner Liebe für diesen Mann. In den wunderbaren 39 Tagen, die er noch lebte, wich ich ihm nicht von der Seite. Ich las ihm vor, spielte Spiele mit ihm und sang für ihn. Und wir lachten viel. Während ich seinen Lieblingsgospel sang, von dem ich nicht einmal gewusst hatte, dass ich ihn noch auswendig konnte, schlief er friedlich ein.

Der Tag, an dem mein Vater starb war der Tag, an dem das Feuer von Kreativität und Leidenschaft von neuem in meinem Herzen erwachte. Heute bin ich selbst Prediger und habe die wundervolle Aufgabe, in Menschen nicht die Angst vor Gott, sondern die Liebe zu Gott zu wecken. In meiner Kirche ist jeder willkommen. Den Himmel erleben wir gleich hier auf der Erde. Der Geist meines Vaters spricht aus meinem Herzen und gemeinsam befreien wir die Menschen durch unsere Worte.

MEINE BOTSCHAFT AN DICH

Ich komme, um Dir zu sagen, dass es unwichtig ist, wie schwierig Deine Kindheit war. Jede ungesunde Konditionierung kann wieder rückgängig gemacht werden. Du kannst zum Feld der Gewalt in unserer Welt beitragen, indem Du andere *provozierst* oder Dich selber *provozieren* lässt. Du kannst aber auch schauen, wo Deine Leidenschaft liegt und Deine *Dynamik*, Deinen *Tatendrang* und Deine Genialität freisetzen, indem Du einfach Du selbst bist und spielst. Denk daran, Genialität ist im Grunde nichts Besonderes. Sie hat nichts mit Wissen oder dem Verstand zu tun. Sie zeigt sich in dem

Moment, in dem Du Dir gestattest, das zu tun, was Du liebst. Es ist an der Zeit, dass Du Deinen Horizont erweiterst und Deinen Atem vertiefst. Wenn Du bei den Menschen um Dich herum etwas erweckst, dann sollte es ihr kreativer Funke sein und ein tiefes Gefühl der *Befreiung*.

FRAGEN ZUR KONTEMPLATION

- Wo in Deinem Leben fühlst Du Dich gefangen in Angst?
- Durftest Du als kleines Kind Deinen *Tatendrang* und Deine Lebendigkeit ausleben oder hat man Dir beigebracht, diese zu unterdrücken?
- Überwältigt Dich manchmal Wut? Fühlen sich Menschen manchmal von Dir *provoziert*, ohne dass Du den Grund dafür verstehst?
- Wann hast Du das letzte Mal ein echtes Gefühl der *Befreiung* verspürt?
- Denk an etwas, dass Du als Kind (jünger als 7 Jahre) gerne getan oder gespielt hast. Verwende heute ein wenig Zeit genau darauf und spüre nach, wie Du Dich dabei fühlst.

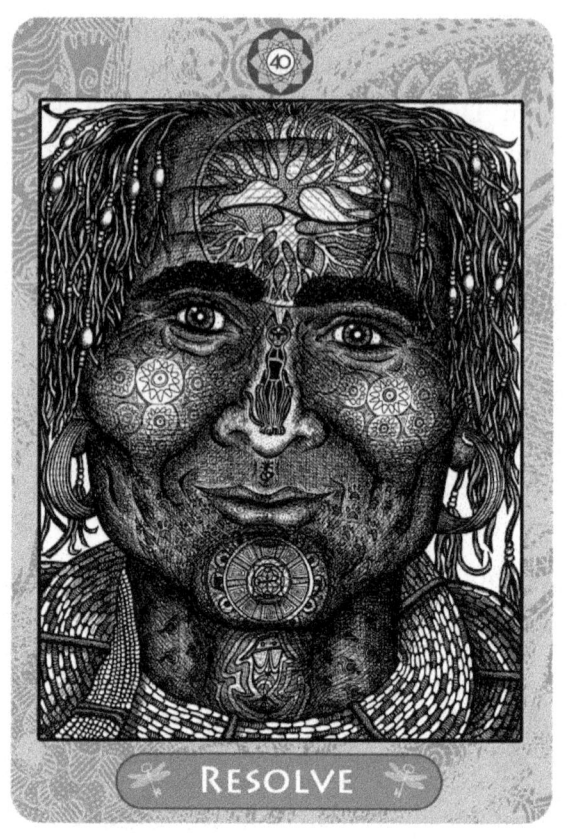

*Die Gabe der Entschlossenheit liegt darin,
dass man lernt sich selbst gut zu versorgen.
Letztendlich geht es um tiefe körperliche Entspannung.*

Gabe: Entschlossenheit
Schatten: Erschöpfung
Siddhi: Göttlicher Wille
Programmierungspartner: 37

~ Richard Rudd

MEINE WEISHEITSGESCHICHTE

Ich wurde in eine Familie hineingeboren, deren spirituelle und künstlerische Wurzeln Tausende von Jahren zurückreichten. Doch als Junge wurde ich meinen Eltern geraubt und in die Sklaverei verschleppt. Mein Besitzer hatte nichts als *Verachtung* für mich übrig. Für ihn war ich kein Mensch, sondern ein Tier, und so behandelte er mich auch. Ich überlebte nur, weil ich mich unermüdlich und ohne zu klagen aufopferte. Wenn ich geschlagen wurde, weil ich nicht hart genug arbeitete, strengte ich mich noch mehr an.

Aufgrund meines Gehorsams und meiner ungewöhnlichen Stärke erhielt ich immer mehr Verantwortung und somit auch Druck. Irgendwann fing mein Magen an zu brennen und meine Verdauung brach komplett zusammen. So krank und *erschöpft* wie ich war, hatte mein Besitzer keine Verwendung mehr für mich. Er warf mich aus seinem Haus. Das Einzige, das mir blieb, waren die Narben auf meinem Rücken.

Eine junge Frau fand mich am Straßenrand. Sie hatte dunkle Haut wie ich, aber sie war frei. Sie nahm mich mit zu sich nach Hause, pflegte mich wieder gesund und fand Arbeit für mich. Es war mir egal, dass der Lohn gering war und mich niemand beachtete. Ich *fügte mich willig* in meine Rolle, dankbar dafür, nicht geschlagen zu werden. Viele Jahre lang arbeitete ich sehr hart. Aber ich war einsam, gebrochen und hatte große Angst vor anderen Menschen. Meine einzige Freude bestand darin, Statuen aus Holz zu schnitzen, wie mein Großvater sie hergestellt hatte, bevor ich verschleppt wurde. Eines Tages sah die junge Frau meine Schnitzereien und war sehr beeindruckt davon. Sie ermutigte mich, einen Laden aufzumachen. Ich lehnte ab, aber sie war hartnäckig und verfolgte ihr Ziel weiter.

Bevor ich mich versah, hatte sie einen kleinen Laden gekauft und ein Schild mit meinem Namen darauf über die Tür gehängt. Zum ersten Mal in meinem Leben war ich mein eigener Herr. Diese Erkenntnis war so überwältigend und brachte einen so tiefen Schmerz zutage, dass ich mich ein Jahr lang jeden Abend in den Schlaf weinte.

Als ich lernte, meinen Schmerz anzunehmen, begann ich das zu lieben, was ich tat. Es war harte Arbeit, aber es fühlte sich nicht so an. Mein Laden hatte reichlich Zulauf, meine Magenprobleme verschwanden und mein Körper wurde wieder jung. Irgendwann ließ ich die junge Frau in mein Herz und sie wurde meine Frau. Wir brauchten zehn Jahre, um genügend Geld anzusparen, damit wir in unser Heimatland zurückkehren und uns dort eine Existenz aufbauen konnten.

In dem Moment, in dem ich meinen Fuß auf afrikanischen Boden setzte, in den offenen Himmel schaute und die würzige Luft atmete, entspannte sich alles in mir. Dann hörte ich in der Ferne Menschen singen und trommeln, die nur darauf zu warten schienen, dass wir uns ihnen anschlossen. Ich schaute in die Augen meiner großen Liebe und wusste, dass ich zuhause angekommen war.

MEINE BOTSCHAFT AN DICH

Ich komme, damit Du die Kunst der Entspannung lernst und wie wichtig es ist, ein Gleichgewicht zu finden zwischen Deinem Wunsch der Welt zu dienen und Deinem Bedürfnis, einfach nur das Leben zu genießen. Scheue Dich nicht, für Dich einzustehen, gesunde Grenzen zu setzen und großzügig mit Dir selbst zu sein. Deine Zeit und Energie sind wertvoll. Es kann manchmal kraftvoller sein zu den Dingen „nein" anstatt „ja" zu sagen. Ich bitte Dich nicht darum, Dich ab und an auszuruhen. Ich möchte vielmehr, dass Du Dich entspannst – tief und vollständig und bis in die letzte Zelle hinein. Wenn Du wirklich entspannt bist, bist Du auch frei, in Harmonie mit Deiner wahren Natur und Deinem Umfeld zu arbeiten und hast alle Energie zur Verfügung, die Du benötigst, um eine Aufgabe zu erledigen, wie groß sie auch sein mag. Das gesunde Funktionieren von Gemeinschaften und Nationen hängt von Menschen ab, die wahre innere *Entschlossenheit* und ein ausgeglichenes körperliches, seelisches und spirituelles Leben besitzen.

FRAGEN ZUR KONTEMPLATION

- An welcher Stelle oder bei welcher Person findest Du es am schwierigsten, Grenzen zu ziehen? Wovor hast Du Angst?
- Wo wertschätzt Du Dich und Deine wertvolle Energie nicht?
- Was (oder wer) in deinem Leben erschöpft Dich?
- Hast Du gelernt, Deine Einsamkeit zu genießen?
- Hast Du ausreichend Zeit für Dich alleine? Wobei kannst Du Dich wirklich entspannen?
- Hältst Du andere aufgrund schmerzlicher Erfahrungen auf Abstand?
- Hast Du jemals gespürt, dass Deine innere *Entschlossenheit* im Einklang mit dem *Göttlichen Willen* steht?
- Gestatte Dir heute, zu etwas oder jemandem „nein" zu sagen. Schreib Deine Gedanken und Erfahrungen in Dein Notizbuch.

*Das Genie manifestiert,
während das Nicht-Genie träumt.*

Gabe: Antizipation
Schatten: Fantasie
Siddhi: Emanation
Programmierungspartner: 31

~ Richard Rudd

MEINE WEISHEITSGESCHICHTE

Ich wuchs in einem verarmten und von Dürren geplagten Dorf auf. Meine Eltern besaßen eine kleine Farm und boten den Einwohnern Eier, Milch und ein offenes Ohr. Schon als kleines Kind hörte ich endlose Geschichten von Menschen, die ein Leben in stiller Verzweiflung führten.

Während die meisten jungen Mädchen davon träumten zu heiraten und Kinder zu bekommen, schloss ich die Augen und stellte mir vor, eine Priesterin des Großen Tempels zu sein. Ich legte Kranken die Hände auf und nutzte meine hellseherischen Fähigkeiten, um Menschen zu ihrem wahren Schicksal zu führen und das Land erneut fruchtbar zu machen. Doch sobald ich meine Augen wieder öffnete, fühlte ich nichts als eine unglaubliche Schwere in mir.

Viele Jahre lang versuchte ich meinen Geist mit Visionen einer glorreichen Zukunft zu füllen, um den Schmerz in der Welt nicht an mich herankommen zu lassen. Ich verausgabte mich in meinen unrealistischen Fantasien und las jedes Buch über Heilen und Heilpflanzen, das ich finden konnte. Ich stahl mich sogar in eine verbotene Bibliothek, um mehr über alte Zeremonien zu erfahren, in denen Eingeweihte heilige Kammern betraten und ihre Körper verließen, um nachher neu erwacht in sie zurückzukehren.

Während meine Schwestern heirateten und Kinder bekamen, wurde ich mehr und mehr zu einem *hyperaktiven* Nervenbündel. Ich missachtete die Erschöpfungszeichen meines Körpers und machte einfach weiter, bis ich kaum mehr essen konnte, geschweige denn lesen. Ich verlor meine Kraft und mit ihr meinen Glauben an das Unmögliche und den Weg, den ich gewählt hatte.

Noch schlimmer war jedoch, dass meine Mutter schwer erkrankte, weil sie sich so lange aufopfernd um mich gekümmert hatte. Eines Tages stand zum Erstaunen meiner Familie eine Priesterin des Großen Tempels vor unserer Haustür. Sie war eine beeindruckende, strahlende Persönlichkeit, der während einer Meditation gesagt worden war, sie solle zu Fuß zu unserem Dorf laufen. Sie bewegte ihre Hände ganz leicht und fließend über der Brust meiner Mutter und ich schaute ehrfürchtig zu, wie wieder Leben in ihr Gesicht kam.

In diesem Moment wurde mir bewusst, dass ich es in all den Jahren, in denen ich meinen Geist mit Wissen angefüllt hatte, nie gewagt hatte dieses auch anzuwenden. Meine Angst, bei dem Versuch zu scheitern, war einfach zu groß gewesen. Eine Welle der Scham überkam mich, als mir bewusst wurde, wie wenig ich meiner eigenen Mutter hatte helfen können. Als ob sie meine Gedanken lesen könnte, blickte die Priesterin mir in die Augen und in die Seele und sagte: „Mein liebes Kind, Du kannst diese Arbeit nicht mit Deinem Kopf tun. Und Du kannst sie auch nicht alleine tun." Dann nahm sie meine Hand und sagte: „Ich kam wegen Deiner Mutter, aber ich kam auch wegen Dir." Dieser Tag war der Beginn meiner wahren Lehrzeit und meiner Lebensarbeit.

MEINE BOTSCHAFT AN DICH

Ich komme, wenn es Zeit ist für eine neue Erfahrung. Eine neue Welt oder ein neues Lebenskapitel warten auf Dich. Jede Zelle in Deinem Körper ist auf vielfältige Weise angebunden und jeder Impuls in Dir kommuniziert mit der gesamten Schöpfung. Wenn Du genau hinhorchst, kannst Du *vorhersehen* was kommt und auch erkennen, was wirklich gebraucht wird. Du selbst hältst den Schlüssel zu Deinen Träumen in der Hand und es liegt in Deiner Verantwortung ihn umzudrehen. Beachte dabei, dass Du nicht hier bist, um Deine Träume allein in die Welt zu bringen. Erlaube anderen daran teilzuhaben. Und gehe einen kleinen Schritt nach dem anderen. Mache die Dinge in Deinem Tempo. Bitte um Hilfe. Ruhe Dich aus, wenn Du Ruhe nötig hast. Mute Dir selber weder zu viel noch zu wenig zu. Erwarte nicht, dass die Dinge genau so kommen, wie Du sie Dir vorgestellt hast. Und nehme dann die prickelnde Spannung der *Antizipation* wahr.

FRAGEN ZUR KONTEMPLATION

- Wo in Deinem Leben neigst Du dazu, Dich „zu voll" oder „zu leer" zu fühlen? Kann es sein, dass Du zwischen diesen beiden Polen hin und her schwankst?

- Hast Du viele *Fantasien*, aber gleichzeitig Schwierigkeiten, Dinge konkret zu tun oder umzusetzen?

- Bist Du so getrieben Deine Träume zu manifestieren, dass Du manchmal wie ausgebrannt bist?

- Notiere heute einmal Deine Gedanken in einem Notizbuch: Wie viel Zeit hast Du damit verbracht, Dir zwanghaft Gedanken über die Zukunft zu machen? Oder vergangene Ereignisse immer wieder „durchzukauen"?

- Erzähle einer Person, der Du vertraust, einen Traum. Lass sie teilhaben. Lass zu, dass sie etwas zur Form und Richtung Deines Traums beisteuert.

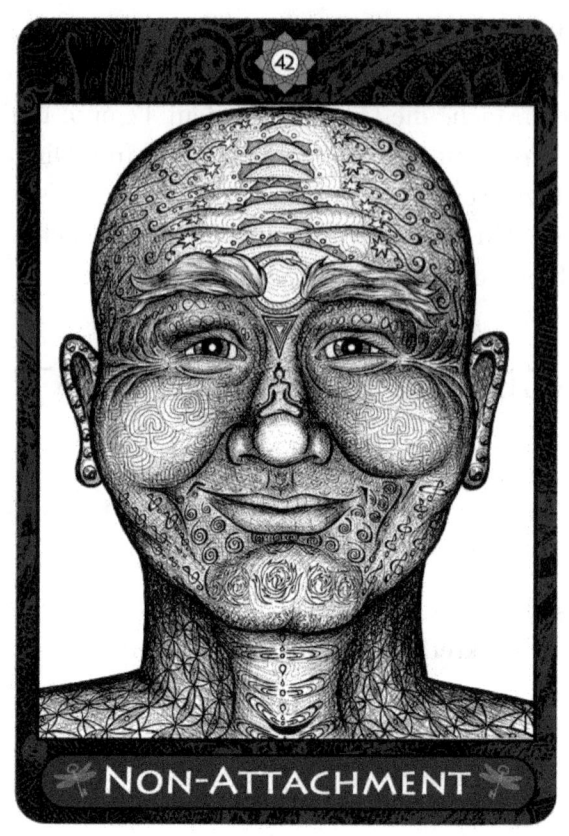

Losgelöstheit ist der Prozess, die Kontrolle über das Leben auf körperlicher, mentaler und emotionaler Ebene abzugeben.

Gabe: Losgelöstheit
Schatten: Erwartung
Siddhi: Jubelfeier
Programmierungspartner: 32

~ Richard Rudd

MEINE WEISHEITSGESCHICHTE

Bekannt als ewiger Optimist, war ich immer auf dem Weg irgendwohin – zu einer erfüllenden Liebesbeziehung, einem spannenden Job, bester Gesundheit. Sobald ich erst einmal das perfekte Leben erreicht hatte, das mir vorschwebte, könnte ich mich ausruhen und glücklich sein – so dachte ich zumindest. Also eilte ich von einem Erfolg zum nächsten, stets voller *Erwartung* und stets bereit, das Genießen des jetzigen Moments zu verschieben, denn in der Zukunft warteten meiner Meinung nach noch bessere Dinge auf mich.

Je älter ich wurde, umso mehr geriet ich unter Zeitdruck. Es gab so viel zu tun und ich hatte das Gefühl, dass mir die Zeit davonlief. Bis ich dann eines Tages schmerzlich erleben musste, dass dies tatsächlich der Fall war, denn mein Arzt stellte bei einer Routineuntersuchung eine lebensbedrohliche Krankheit fest.

Plötzlich geriet mein Leben völlig aus den Fugen. Ich schwankte zwischen Wut und Entsetzen. „Ich habe keine Zeit für sowas!", schrie es in mir. Insgeheim hatte ich das Gefühl, gescheitert zu sein. Mein Optimismus verflog, ebenso wie mein Glaube an mich selbst und andere. In den folgenden Jahren erschöpfte ich mich selbst und alle, die mir nahe standen, durch zahlreiche Besuche bei Ärzten und Heilern jeder Art. Aus lauter Angst, dass nichts helfen würde, brach ich jede Behandlung ab, bevor sie überhaupt die Chance hatte zu wirken. Die Ärzte und Heiler hielten mich für *sprunghaft und exzentrisch*. Ich aber sah überall nur Enttäuschungen und das langsame Sterben all meiner Träume.

Schließlich wurde ich so krank, dass ich ins Krankenhaus musste. Ich hatte keinen Funken Lebensmut mehr in mir, bis ich meine Zimmergenossin kennen lernte – ein kleines Mädchen, das im Sterben lag. Sie war so voller Freude und Weisheit, dass mein Herz dahinschmolz. Sie nannte mich ihren „Buddy" und sprach mit so viel Akzeptanz und Frieden über ihren herannahenden Tod, dass ich ganz beschämt war.

An dem Tag, an dem sie starb, hörte auch mein Herz auf zu schlagen. Ich sah, wie die Ärzte versuchten mich wiederzubeleben, während ich aus meinem Körper herausschwebte und in einen Tunnel aus unbeschreiblichem Licht, Farben und Tönen gesogen wurde. Ich fühlte eine Liebe, die über alles hinaus ging, das ich bislang gekannt hatte. Dann sah ich, wie meine kleine Freundin über eine Blumenwiese auf mich zugehüpft kam. Sie sprang in meine Arme und flüsterte mir ins Ohr: „Es ist Zeit zurückzugehen, Buddy. Es gibt noch so viel zu *feiern*!" Ehe ich mich versah, war ich zurück in meinem Körper und trotz aller Schmerzen völlig entspannt und voller Dankbarkeit.

Das ist nun schon viele Jahre her und ich galt damals als medizinisches Wunder. Wenn Menschen heute in meine Augen schauen, spüren sie mein Vertrauen in das Leben. Ich habe keine Angst mehr und sorge mich weder um mich, noch um andere. Ich habe meinen Frieden mit dem Tod gemacht. Jetzt bin ich frei zu leben, zu lieben und jeden Moment als das großartige Geschenk zu sehen, das er ist.

MEINE BOTSCHAFT AN DICH

Ich bringe Dir die Gabe der *Losgelöstheit*. Ich will Dich daran erinnern, dass alles im Leben zu einem Ende kommen muss, damit etwas Neues beginnen kann. Es ist an der Zeit, Dich Deinem Leben hinzugeben und Deinen Tod zu akzeptieren. Das bedeutet nicht, dass Du Wünsche, Liebe oder Gefühle aus Deinem Leben verbannen musst. Im Gegenteil! Ich möchte, dass Du noch intensiver fühlst – und atmest – als Du es je zuvor getan hast. Es bedeutet auch nicht, dass Du keine *Erwartungen* mehr haben sollst. Nimm sie einfach wahr, ohne daran anzuhaften. Vertraue der Intelligenz Deines Lebens mit seinen Hochs und Tiefs, der Freude und dem Leid. Man kann selbst die schmerzhaftesten Zustände genießen, wenn man nicht daran anhaftet. Denke immer daran, dass Dein Leben eine sich entfaltende Geschichte ist und Du zugleich der Autor und der Leser bist. Verpasse nie eine Gelegenheit, Dein wunderbares Ich und Dein Leben zu *feiern*.

FRAGEN ZUR KONTEMPLATION

- Wo widersetzt Du Dich Veränderungen (z.B. in Bezug auf das Altern Deines Körpers, das Erwachsenwerden Deiner Kinder, eine alte Lebens- oder Denkweise)?

- Was kommt in Deinem Leben zu einem Ende oder sollte beendet werden?

- Was – oder wen – musst Du loslassen?

- Hast Du schon einmal ein Projekt, eine Beziehung oder eine Erfahrung vorzeitig abgebrochen? Was bräuchtest Du, um wahrhaft damit abschließen zu können?

- Heiße eine Veränderung in Deinem Leben willkommen. Finde einen konkreten und Dich bestärkenden Weg, den Wandel zu *feiern*.

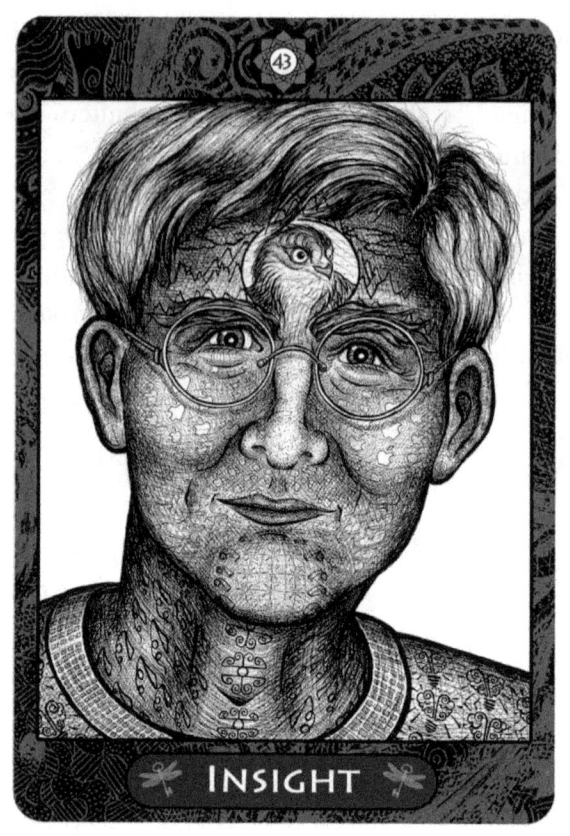

*Jeder Mensch ist in dem Sinne als Rebell geboren,
dass er einen Platz in der Welt einnimmt,
der von niemand anderem eingenommen werden kann.*

Gabe: Einsicht
Schatten: Taubheit
Siddhi: Erleuchtung
Programmierungspartner: 23

~ Richard Rudd

MEINE WEISHEITSGESCHICHTE

Als Kind machte ich mir häufig *Sorgen*. Meine Gedanken drehten sich um all die schlimmen Dinge, die eintreten könnten und wie sich dies vermeiden ließe. Meine robusteren Brüder zogen mich damit auf, dass ich ein Weichei sei. In der Schule nannten sie mich das „Gehirn". Ich hatte das Gefühl, anders und ein wenig merkwürdig zu sein, dabei wollte ich nichts lieber als dazugehören, erfolgreich sein und mich sicher fühlen.

Ironischerweise machte meine Fähigkeit Probleme vorherzusehen mich zu einem großartigen Programmierer. Niemand konnte Bugs so schnell finden und beheben wie ich. Plötzlich war es cool ein Sonderling zu sein. Schon als junger Mann war ich reich und unabhängig. Voller Begeisterung, nun endlich mit meinen Brüdern mithalten zu können, riss ich das Gespräch bei Familienfesten an mich und redete endlos über meine Erfolge bei der Arbeit. Vollkommen *taub* für das, was die anderen sagten, prahlte ich mit den neusten Geräten, gab technische Ratschläge, die keiner hören wollte und machte unangemessene Bemerkungen darüber, wie viele Muskeln ich aufgebaut hatte, seit ich einen persönlichen Trainer eingestellt hatte. Ich war zu sehr damit beschäftigt nach Anerkennung zu heischen, um zu bemerken, wie unangenehm ich war oder wie sehr ich die anderen um ihre Beziehungen beneidete.

Anschließend ging ich nach Hause und nutzte meine technischen Spielzeuge, um mich gut zu fühlen. Ich spielte Videospiele, schaute Fernsehen und surfte auf mehreren Dating-Webseiten gleichzeitig. Besessen davon Zeit zu gewinnen und produktiver zu sein, programmierte ich Stereoanlage, Fernseher, Computer, Auto, Solaranlage und Sauna so, dass ich sie von meinem Smartphone aus steuern konnte. Doch anstatt mehr Zeit zu haben, fraß die Technologie sie komplett auf. Je härter ich daran arbeitete, dass mein Leben glatt verlief, umso komplizierter wurden die Dinge. Ich konnte keine Ruhe finden.

Dann hatte ich eine bahnbrechende Einsicht. Nichts, was ich tat, besaß oder benutzte würde mir jemals das Gefühl vermitteln, mich wohl in meiner Haut zu fühlen oder dazuzugehören. In einem Rutsch kündigte ich alle Abonnements und Dienste und verbannte meinen Fernseher und die anderen Geräte in einen Schrank. Und ich wurde ruhig. Sehr ruhig.

Ich konzentrierte mich allein aufs Zuhören – auf den Lärm in meinem eigenen Kopf, die Geräusche in meinem Zuhause und die Vögel im Garten. Langsam, Stück für Stück, holte ich die Technik wieder zurück in mein Leben. Zuerst die Musik. Dann die Podcasts mit berührenden wahren Geschichten über Menschen, die litten und ihr Leid überwanden. Dadurch kam mir die Erkenntnis, die mein ganzes Leben veränderte. Ich erfand eine Radiosendung mit dem Titel „Die Ausgestoßenen" für und zu Ehren von Menschen, die sich wie ich fühlten. Und das war erst der Anfang.

MEINE BOTSCHAFT AN DICH

Ich bin hier, um den Rebell in Dir hervorzulocken – die Dichterin, den Liebhaber, die verrückte Wissenschaftlerin, den Revolutionär. Es gibt etwas, das nur Du tun kannst. Etwas, auf das Dich Dein gesamtes Leben vorbereitet hat. Es ist an der Zeit ein Risiko einzugehen, ein System aufzurütteln. Du wirst Wellen schlagen. Das ist in Ordnung. Was auch immer Du tust, höre nicht länger auf den Status Quo. Es geht nicht darum Dampf abzulassen oder anderen die Schuld zu geben, sondern vielmehr darum kreativ zu sein und sich für die Liebe zu öffnen. Du musst nicht wissen wo genau Du hinwillst oder warum. Hör einfach auf Deine innere

Stimme. Während Du mutig einen neuen Pfad einschlägst, musst Du Dich nicht wundern, wenn Dein Timing immer besser wird und neue *Erkenntnisse* erwachsen. Trau Dich so zu sein, wie Du bist und Du wirst, wo auch immer Du Dich bewegst, den kreativen Rebellen wecken, der auch in anderen schlummert.

FRAGEN ZUR KONTEMPLATION

- Was bereitet Dir derzeit am meisten *Sorgen*?
- Zerbrichst Du Dir über Dinge den Kopf oder versuchst Du Sorgen mit Geschäftigkeit, äußerem *Lärm* oder Deinem eigenen Reden zu übertönen und auszublenden?
- Fühlst Du Dich jemals missverstanden oder als Außenseiter?
- In welcher Weise könnte Dein Drang Dich selbst zu schützen Dich *taub* für andere machen?
- Was würdest Du anders machen, wenn Du keine Angst mehr davor hättest anders zu sein?
- Hattest Du jemals eine tiefe *Erkenntnis* oder *Erleuchtung*? Worum ging es dabei?
- Verfolge eine Sorge, die Dich umtreibt, einen Tag lang. Beobachte, wie sie ihre Form verändert.

Bei der Gabe Teamwork geht es darum zu erkennen, wer in Dein Leben gehört.

Gabe: Teamwork
Schatten: Störung
Siddhi: Synarchie
Programmierungspartner: 24

~ Richard Rudd

MEINE WEISHEITSGESCHICHTE

Meine Mutter verließ uns, als ich noch klein war. Obwohl mein Vater sich alle Mühe gab, war er mit fünf Kindern völlig überfordert. Immer wieder wurde ihm alles zu viel und er blieb tagelang von Zuhause fort. Er begann seinen Lohn zu verspielen und übertrug mir als Ältestem die Verantwortung für die kleineren Geschwister. Ich musste sehr schnell erwachsen werden und mehr Verantwortung tragen, als es ein Junge in meinem Alter sollte.

Als junger Mann ließ ich Frauen links liegen, begann zu arbeiten und kam ganz von selbst in Führungspositionen. Die meisten Menschen vertrauten mir und ich stand am liebsten selbst am Ruder, auch dann, wenn es sich um ein sinkendes Schiff handelte. Immer wieder schätzte ich Jobs und Unternehmen falsch ein, die von außen gesehen einen guten Eindruck machten. Meine Vorgesetzten machten sich entweder aus dem Staub oder schossen einen Bock nach dem anderen, meine Mitarbeiter wussten die meiste Zeit nicht, was sie tun sollten und ich musste am Ende für alle anderen einspringen.

War ich mit einem Unternehmen fertig, fing das Ganze woanders von vorne an. Überall erlebte ich das gleiche Chaos. In der Politik, der Religion, der Wirtschaft, ja selbst in der Liebe. Diejenigen, denen die Führung oblag, ließen ihre Leute im Stich und diese wiederum ließen sich selbst und ihre Mitmenschen im Stich. Keinen schien es zu kümmern. Am Ende *misstraute* ich jedem und allen.

Bis eines Tages eine Frau in mein Leben trat, der nicht alles gleichgültig war. Obwohl sie einen komplett anderen Hintergrund hatte als ich, war sie mir sofort irgendwie vertraut. Ich mochte ihren Geruch und ließ mich bereitwillig auf ihre Welt ein. Sie hatte die verblüffende Fähigkeit zu vertrauen – nicht nur Bäumen, Flüssen und Vögeln, sondern auch den Menschen. Sie vertraute mir. Sie half mir, die perfekte Ironie meines Lebens zu erkennen und wie die Geschichte meiner Kindheit mein Leben immer wieder auf unterschiedlichste Weise *überlagerte*.

Sobald ich das Muster erkannt hatte, begann es sich zu verändern. Mein *misstrauisches* Herz öffnete sich und zum ersten Mal in meinem Leben ließ es eine Frau herein. Je mehr ich mich für unsere Nähe öffnete, umso mehr entwickelte ich ein gutes Näschen für andere Menschen. Immer mehr Gleichgesonnene traten in mein Leben. Bald schon wurde ich eingeladen, in einer Gemeinschaft zu leben und zu arbeiten, die synchronistische und nahtlose Formen der Zusammenarbeit pflegte. Noch nie hatte ich eine solche Freude und *Zusammenarbeit* erlebt. Alle Teilnehmer trugen das bei, was sie am liebsten taten und die Verantwortung trugen alle gemeinsam. Und nahezu immer liefen die Dinge reibungslos. Jetzt weiß ich endlich, was es bedeutet dazu zu gehören.

MEINE BOTSCHAFT AN DICH

Ich bin gekommen, um Dich daran zu erinnern, dass Du immer die richtigen Beziehungen anziehst – nämlich solche, die Dich genau das lehren, was Du brauchst um zu wachsen. Je mehr Du darauf vertraust, dass die Menschen in Deinem Leben aus einem bestimmten Grund dort sind, umso besser wirst Du die Beziehungslektionen lernen, die für Dich anstehen und umso besser wird Dein Urteilsvermögen sein, wenn es an der Zeit ist, neue Partner, Freunde und Mitstreiter zu finden. Ich möchte, dass Du Deinem Instinkt vertraust. Beginne indem Du schaust, welche Menschen Du „gut riechen" kannst. Frage Dich: „Wer sind meine wahren Verbündeten?" Du kannst in Gruppen mehr Vertrauen,

Harmonie und *Teamwork* erleben, als Du es Dir heute überhaupt vorstellen kannst. Wenn Du Dein wahres *Team* gefunden hast, wird sich Dein Lebensweg ganz von selbst auf magische Weise entfalten.

FRAGEN ZUR KONTEMPLATION

- Fällt es Dir schwer, anderen Menschen zu vertrauen? Hältst Du sie auf Armlänge?
- Gerätst Du immer wieder in die gleichen ungesunden Beziehungsdynamiken? Ist Dein Instinkt häufig „ausgeschaltet"?
- Welche alten Beziehungen *überlagern* Deine neuen am meisten?
- Denk an eine Zeit, als Du Teamwork erlebt oder beobachtet hast.
- Zeichne eine Landkarte Deiner derzeitigen Beziehungen. Markiere Deine wahren Verbündeten. Wem vertraust Du? Wem vertraust Du nicht? Sei ehrlich!
- Wirf einen Blick auf die Menschen, mit denen Du in Deinem Leben am meisten zu kämpfen hattest. Wenn sie hier wären, um Dich etwas zu lehren, was wäre es dann?

Jedes System, das auf Angst aufgebaut ist, muss am Ende aufgrund seiner Natur in sich zusammenfallen.

Gabe: Zusammenspiel
Schatten: Dominanz
Siddhi: Kommunion
Programmierungspartner: 26

~ Richard Rudd

MEINE WEISHEITSGESCHICHTE

Ich wurde in einem Land geboren, in dem es nicht üblich war, dass Töchter das Imperium ihres Vaters übernahmen. Als junges Mädchen war ich einerseits *ängstlich*, andererseits aber auch fürsorglich und aufmerksam. Stundenlang beobachtete ich, wie mein Vater das Familienunternehmen aufbaute, Tag und Nacht arbeitete und anspruchsvolle Kunden zufriedenstellte. Als er dann endlich die gewünschte Macht und Autorität erreicht hatte, war er fest entschlossen, sie nicht mehr aus der Hand zu geben. Er hielt die Zügel in Bezug auf seine Angestellten, sein Geld, seine Position und sein Vermächtnis fest in der Hand. Geschäftliches und Freundschaften trennte er strikt voneinander. Nicht einmal meine Mutter kannte die Firmengeheimnisse. Je älter mein Vater wurde, umso paranoider, *aufgeblasener* und *dominanter* wurde er. Er hatte ein hitziges Temperament.

Vielleicht kannst Du Dir vorstellen, welch großer Schock es für alle war, als er starb und mir die Firma vererbte. Ich zitterte am ganzen Körper, als ich zum ersten Mal den Schlüssel zum Firmensafe in der Hand hielt. Die meisten Leute erwarteten, dass ich an der Aufgabe scheitern würde, einschließlich meiner selbst. Doch meine besten Freunde glaubten an mich und versprachen, mich bedingungslos zu unterstützen.

Die Dankbarkeit, die ich verspürte, gab mir den Mut die erste Regel unseres Familienunternehmens zu brechen. Ich nahm meine Freunde in die Firma auf. Anstatt sie als Bedrohung, Konkurrenz oder bedürftige Parasiten zu betrachten, sah ich sie als unschätzbare und vertrauenswürdige Ressourcen. Ich teilte mein Wissen mit ihnen, erklärte ihnen, was ich brauchte und ließ ihnen dann freie Hand, so dass sie ohne meine Einmischung das tun konnten, worin sie am besten waren.

Zuerst sanken die Umsätze und ich fürchtete schon, wir würden gemeinsam untergehen. Aber die Atmosphäre im Unternehmen hatte sich gewandelt. Guter Wille, Zusammenarbeit und Kreativität erreichten nie zuvor gekannte Höhen. Bald schon stiegen unsere Effektivität und die Profite. Ich investierte den größten Teil unserer Einnahmen in die Weiterbildung von alten und neuen Mitarbeitern auf den Gebieten, für die sie sich interessierten. Bald schon standen die Leute Schlange, nur um bei uns oder mit uns arbeiten zu dürfen. Im Laufe der Zeit wurden unsere Produkte und Dienstleistungen immer gesünder für unsere Kunden und die Umwelt. Die Work-/Life-Balance unserer Mitarbeiter verbesserte sich, ihren Familien ging es gut und sie engagierten sich sogar bei uns.

Wir erfuhren Anerkennung und wurden weltweit zum Vorzeigeunternehmen für unseren humanitären Ansatz, unsere Fähigkeit Ressourcen mit anderen zu tauschen (statt sie zu verkaufen) und unsere Bereitschaft, einen regen Austausch mit gleichgesinnten Unternehmen, gemeinnützigen Organisationen, Künstlern und Aktivisten zu pflegen. Nicht schlecht für ein *ängstliches* Mädchen wie mich!

MEINE BOTSCHAFT AN DICH

Ich bin hier, um Dir Mut zu machen, den Sprung zu wagen und Deine Ängste loszulassen. Schau Dir an, wo Angst immer noch Dein Leben regiert, sei es innerhalb Deiner Familie oder im Beruf. Wo möchtest Du Dir nichts aus der Hand nehmen lassen? Wo behältst Du Dir die Macht und Kontrolle vor, auch wenn Du vielleicht lieber etwas davon abgeben solltest? Es ist für uns alle auf diesem Planeten an der Zeit, uns anders zu organisieren als wir dies bisher getan haben. Die Zeit von Wettbewerb und Konkurrenz geht langsam zu Ende. Synergetische Zusammenarbeit ist auf dem Vormarsch. Auch wenn Du beim Blick auf die Welt verständlicherweise den Eindruck haben magst, dass Profitstreben den Sieg über den guten Willen davonträgt, versichere ich Dir, dass dem nicht so ist. Am Ende gewinnt der gute Wille immer.

FRAGEN ZUR KONTEMPLATION

- Wo bist Du zu *furchtsam* und ängstlich, um den Status Quo in Frage zu stellen?
- Ist es vielleicht an der Zeit, eine äußere Autorität in Deinem Leben in Frage zu stellen?
- An welcher Stelle hast Du Dich von ungesundem Wettbewerbsdenken leiten lassen?
- An welcher Stelle bist Du immer noch besessen davon, eine Leiter zu erklimmen?
- Erinnere Dich an eine Zeit, in der guter Wille und Zusammenarbeit sich ausgezahlt haben.
- Stell Dir vor, Teil einer spannenden *synergetischen* Zusammenarbeit zu sein. Welche Art von Projekt würde Dich am meisten interessieren? Welche Deiner Gaben würdest Du einbringen wollen? Mit wem zusammen würdest Du etwas gemeinsam in die Welt bringen wollen? Wenn Dir keine realen Personen einfallen, dann denk Dir welche aus! Lege ein Notizbuch an, in dem Du notierst, wie Deine Form der Zusammenarbeit aussehen würde. Stelle Dir Deine ideale kreative Gemeinschaft vor!

Glück tritt ein, wenn Du aufhörst das Leben kontrollieren zu wollen.

Gabe: Freude
Schatten: Ernsthaftigkeit
Siddhi: Ekstase
Programmierungspartner: 25

~ Richard Rudd

MEINE WEISHEITSGESCHICHTE

Obwohl meine Eltern wollten, dass wir glücklich waren, waren wir eine unglückliche Familie. Meine Mutter war *gefühlskalt*, schämte sich für ihren Körper und war besessen von jedem kleinsten Zipperlein. Aus Angst vor bösen Geistern wies sie mich und meinen Bruder ständig zurecht, wenn wir zu lebhaft oder spontan waren. Mein Vater arbeitete viel und hatte eine schwierige Kindheit. Aus Angst, dass wir durch unsere kindliche Wildheit in Gefahr geraten könnten, versuchte er uns ständig zu kontrollieren.

Mein Bruder reagierte auf die Ängste unserer Eltern, indem er nichts ernst nahm, nicht einmal ihre Bestrafungen. Er tat nur, was ihm Spaß machte und meine Eltern kritisierten seine *Frivolität*. Einmal stritten sie sich so heftig mit ihm, dass er aus dem Haus stürmte und nicht wieder kam. Obwohl ich den Schmerz meiner Eltern spürte, beneidete ich meinen Bruder. Warum konnte ich nicht so entspannt und frei sein wie er? Warum war es mir so wichtig, was alle von mir dachten? Ich wünschte mir ständig anders zu sein – schlauer, schlanker, erfolgreicher.

Als ich älter wurde verstand ich schließlich, dass wahres Glück mehr erfordert als gutes Aussehen oder äußeren Erfolg. Also fing ich an nach innen zu schauen und begann eine *ernsthafte* spirituelle Suche. Ich saß still da, betete und nahm an zahllosen Zeremonien teil. Aber glücklich war ich deshalb nicht. Ich hatte immer noch Angst vor dem Leben und war sicher, dass ich alles falsch machte und nie etwas erreichen würde – nicht einmal die Erleuchtung.

Als ich eines Tages unter einem Baum saß, *ernsthaft* bemüht zu meditieren, erschien eine alte Frau. Sie warf einen gründlichen Blick auf mich, meinen heiligen Altar und mein ernstes Gesicht. Dann ergriff sie ohne zu fragen meine Hand und zog mich in eine Waldlichtung nahe beim Strand. Nie werde ich das bereits aus der Ferne erklingende Lachen vergessen oder den wunderbaren Anblick der freudigsten Versammlung von Frauen, die ich je erlebt habe.

Sie sahen alle unterschiedlich aus, waren unterschiedlich gekleidet und tanzten singend und lachend um ein riesiges Feuer herum. Plötzlich zogen alle ihre Kleider aus und sprangen fröhlich ins Wasser. Ich musste so sehr lachen, dass ich vollkommen vergaß, wie ich aussah oder was andere von mir denken könnten. Ich warf ebenfalls meine Kleider von mir und sprang in die Fluten. Diese Vollmondnacht war der Beginn meines neuen, glücklichen Lebens.

MEINE BOTSCHAFT AN DICH

Ich komme, um Dir eine ultimative Wahrheit bewusst zu machen: Nichts zählt außer Leben und Liebe. Es ist an der Zeit für Dich, die kleinen Freuden des Lebens zu genießen und Dich in Deinem eigenen Körper wohl zu fühlen, ganz gleich wie er aussieht. Du kannst auf der aufregenden Welle des Lebens surfen wie auf einem Ozean, ganz gleich, ob Du verstehst was passiert oder nicht. Doch dazu musst Du erst die Vergangenheit und alle Pläne loslassen und Deinen Geist ebenso offen halten wie Dein Herz. Denk immer daran: Umso weniger *ernst* Du die Dinge nimmst, umso leichter wird es, Dir selbst nicht mehr im Weg zu stehen. Dann bringen Dich die *freudigen* Überraschungen des Lebens genau zur richtigen Zeit dorthin, wo Du sein sollst. In Dir ist das großartige und magische Universum am Werk.

FRAGEN ZUR KONTEMPLATION

- Wirkst Du nach außen entspannter, als Du es innerlich bist?
- In welchen Bereichen nimmst Du das Leben zu *ernst*?
- Machst Du Dir häufiger Sorgen um Dein Erscheinungsbild? Halten Dich diese Gedanken davon ab, Dein Leben zu genießen und Risiken einzugehen?
- Hast Du jemals *Ekstase* erlebt? Konntest Du das Gefühl genießen oder hat es Dir eher Angst gemacht?
- Schau Dir einen lustigen, herzerwärmenden Film an. Lächle.
- Achte auf die kleinen freudigen Momente und glücklichen Zufälle in Deinem Leben. Halte sie in Deinem Notizbuch fest.

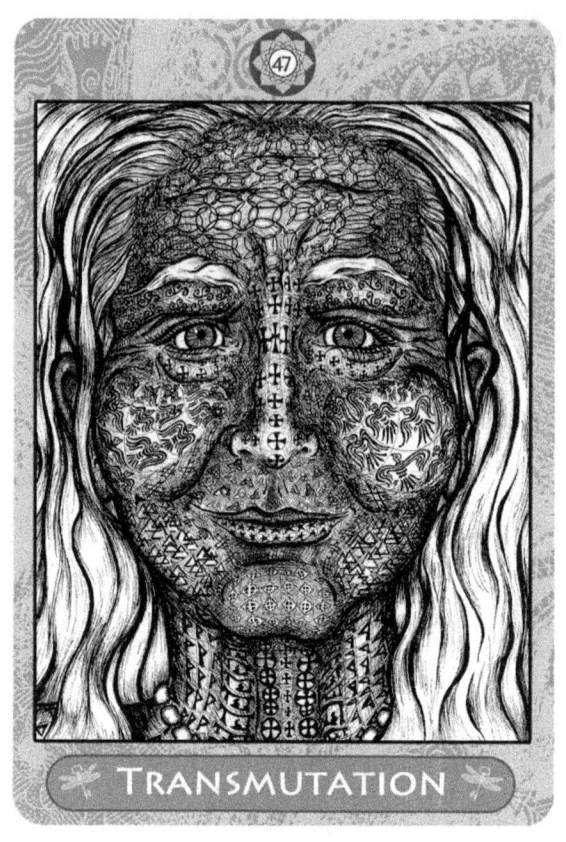

*Der einzige Weg, um Leid zu überwinden,
ist tiefer in es hineinzugehen und Dein Herz zu
öffnen für jedes Gefühl und jede Situation, die Dir begegnen.*

Gabe: Verwandlung
Schatten: Unterdrückung
Siddhi: Verklärung
Programmierungspartner: 22

~ Richard Rudd

MEINE WEISHEITSGESCHICHTE

Als Kind hatte ich wieder und wieder den gleichen Albtraum. Er endete stets damit, dass ein bärtiger Mann mit einer gewaltigen Klinge über mir schwebte und ich etwas hinter meinem Rücken vor ihm verbarg. Ich wachte immer schreiend genau in dem Moment auf, in dem die Klinge meine Brust berührte.

Mein Vater war ein stiller Mann. Über seine von *Unterdrückung* geprägte Familiengeschichte ließ er nie ein Wort verlauten. Er glaubte an nichts und niemanden. Meine Mutter wiederum war sehr religiös und hielt sich *dogmatisch* an die Regeln der Kirche. Sie war davon überzeugt, ich sei von einer negativen Wesenheit besessen und zwang mich, ständig mit ihr in die Kirche zu gehen. Jahrelang betete ich um Vergebung und Befreiung vom Bösen, aber der Albtraum nahm stetig an Intensität zu.

Als junge Frau versuchte ich Schlaf möglichst zu vermeiden. Eines Nachts überwältigte mich die *Hoffnungslosigkeit* derart, dass ich vor meinem Vater zusammenbrach und endlich auch ihm von meinem Traum erzählte. Er verhielt sich sehr merkwürdig, so als würde er gerne mehr darüber erfahren. Seine überraschende Reaktion weckte nun auch in mir die Neugier – und den Mut. In dieser Nacht legte ich mich bereitwillig schlafen. Obwohl ich erneut aufwachte, bevor das Messer zustach, konnte ich diesmal mehr Informationen aufnehmen, ebenso wie in der folgenden Nacht. Und in der darauffolgenden. Ich kam an einen Punkt, an dem ich mich wie ein Spürhund willentlich in den Traum einschleichen und ihn kurz vor meiner Ermordung verlassen konnte. Mein Vater wartete begierig auf jedes neue Detail, das ich erkennen konnte. Es war so, als würden wir gemeinsam ein altes Puzzle zusammensetzen.

Eines Nachts gelang es mir, verschwommene Buchstaben auf dem Gürtel des Mannes zu erkennen. Ich zeichnete meinem Vater die drei Buchstaben auf. Er rannte in sein Zimmer und kam mit einem Buch voller nordischer Symbole zurück, einem Geschenk seines Großvaters, von dem er nie redete. Sofort wurde uns die Bedeutung der drei Symbole klar: Sie standen für Reise, Geschenk und Freude. Nie zuvor hatte ich die Augen meines Vaters so leuchten gesehen. In dieser Nacht konnte ich es kaum erwarten ins Bett zu gehen. Dieses Mal ließ ich zu, dass der Dolch mein Herz durchstieß. Zu meinem Erstaunen floss kein Blut und ich verspürte auch keinen Schmerz. Stattdessen wurde meine Brust von einem strahlenden Licht erfüllt. Als ich mich umdrehte, um zu sehen, was ich die ganzen Jahre hinter meine Rücken beschützt hatte, sah ich eine Schatzkiste voller Juwelen. Der bärtige Mann tauchte wieder auf und lächelte mich voller Güte an. Anstatt eines Dolchs hielt er nun ein Bild meines Vaters als Kind in der Hand. Er sagte: „Sage Deinem Vater, dass ich um Vergebung bitte. Sag ihm, dass ich ihn liebe."

Nach diesem Erlebnis waren mein Vater und ich nicht mehr dieselben. Die Anbindung an unsere Ahnen verstärkte sich, heilte uns und verwandelte uns. Heute gibt es nichts mehr, dass ich nicht bereit bin zu sehen oder zu fühlen. So entdecke ich einen Schatz nach dem anderen.

MEINE BOTSCHAFT AN DICH

Ich bin hier, um Dich aufzufordern auf das zuzugehen, was Dir Angst macht. Du glaubst vielleicht eine feste Identität zu haben, aber das ist nicht wahr, denn Du bist stetem Wandel unterworfen. Du bist dazu gedacht, an Begrenzungen zu stoßen, Dich aufzulösen und zu etwas Neuem zu werden. *Verwandlung* ist der Schlüssel für Deine Evolution. Ich komme, wenn es an der Zeit ist, nichts mehr zurückzuhalten, alles rückhaltlos anzunehmen und gefährlich zu leben. Lass alle Definitionen darüber, wer Du bist oder wessen Du fähig bist los. Arrangiere Dich mit der Angst. Öffne ganz bewusst die Büchse der Pandora. Wenn Du Dein Leid wirklich überwinden willst, dann bewege Dich tief in es hinein. Gib Dich ihm hin. Du kannst in jedem Moment einen Quantensprung erleben und Deine wahre Bestimmung wird sich Dir offenbaren.

FRAGEN ZUR KONTEMPLATION

- Hast Du Dein Leben aufgegeben? Hast Du manchmal das Gefühl, Dein Leben würde einfach nicht besser, egal was Du tust?
- Welchen Ängsten stellst Du Dich nicht?
- Fühlst Du Dich am besten, wenn Du Dir einer Sache verstandesmäßig sicher bist?
- Fühlst Du Dich manchmal von Deinen eigenen Gedanken bedrängt?
- Findest Du es schwierig Zugang zu Menschen zu bekommen, die anders denken als Du?
- Denk an etwas, das Dir wirklich Angst macht, und gehe in Form eines symbolischen oder kreativen Akts darauf zu.
- Erinnere Dich an eine Zeit in Deinem Leben, in der Du eine *Verwandlung* erfahren hast.

Wenn wir nicht wissen, wie man emotionalen Zuständen mit Gelassenheit, Integrität und Klarheit begegnet, werden wir nie vollständig erwachsen, sondern bleiben in irgendeiner Form Kinder.

Gabe: Einfallsreichtum
Schatten: Unzulänglichkeit
Siddhi: Weisheit
Programmierungspartner: 21

~ Richard Rudd

MEINE WEISHEITSGESCHICHTE

Mein Vater war ein idealistischer junger Mann mit der Bereitschaft, sein Leben für unser Land zu opfern. Er schätzte die Tapferkeit, den Zusammenhalt und die Pflichttreue, die er während des Krieges erlebte. Doch er hasste es, wie er und seine Kameraden nach dem Krieg zuhause empfangen wurden. Er fühlte sich von den Menschen, für die er alles gegeben hatte, fallen gelassen und vergessen und dazu noch manipuliert von einem Staat, dem er mit Ergebenheit gedient hatte.

Als ich die Grundschule abgeschlossen hatte, war er zu einem verbitterten, paranoiden und *skrupellosen* Mann geworden. Wenn er nicht gerade seinen Verschwörungstheorien über die Machenschaften der Regierung nachhing, ließ er seine Wut an mir aus und warf mir ständig vor ich sei undiszipliniert und nicht attraktiv genug.

Meine Mutter regelte den Haushalt, versuchte mit dem Geld über die Runden zu kommen und war bemüht, nach außen den Schein zu wahren. Sie wollte, dass ich gut in der Schule war und gut aussah, damit die Nachbarn nicht ahnten, was sich hinter verschlossenen Türen abspielte. Ich fühlte mich zunehmend *unzulänglich* und hing immer öfter vor dem Fernseher, wo ich mir Seifenopern voller schöner Menschen anschaute. In den Werbepausen wurden perfekte Frauen gezeigt, die alle attraktiv, erfolgreich und zugleich verführerisch waren. Im Vergleich dazu kam ich mir unglaublich *fade* vor.

Mit Beginn der Pubertät wuchs der Druck, gut auszusehen, das

Richtige zu tun und gut in der Schule zu sein. Ich war besessen von meinem Aussehen, meinen Noten und dem Ziel, einen Platz am besten College zu ergattern. Vor Klausuren schlief ich die ganze Nacht nicht. In dem verzweifelten Versuch, die Leere in mir zu füllen und meine Nerven zu beruhigen, stopfte ich wahllos Essen in mich hinein, nur um es später wieder zu erbrechen.

Erst in der High-School verstand ich dank einer wunderbaren Lehrerin, die mich ermutigte über meinen tiefsten inneren Schmerz zu schreiben, wie sehr mein Leben durch ein tiefes Gefühl der *Unzulänglichkeit* geprägt war. Diese Lehrerin sah nicht nur mein Leid, sondern sie sah auch meine Tiefe, Sensibilität und *Weisheit*, deren Existenz ich nicht einmal geahnt hatte. Sie brachte all dies Stück für Stück ans Tageslicht. Ihr ist es zu verdanken, dass ich zu einer jungen Frau heranreifte, die ihrem inneren Wissen vertraute und eine tiefe Beziehung zu erdgebundener Spiritualität entwickelte.

Heute schlafe ich tief und friedlich und habe die große Ehre, emotional und spirituell heilsame Initiationsriten für Kinder und Jugendliche anzuleiten. Ich bin jeden Tag aufs Neue fasziniert und inspiriert von dem inneren Reichtum, den diese Kinder besitzen.

MEINE BOTSCHAFT AN DICH

Scheue Dich nicht vor dem tiefen Brunnen der Dunkelheit in Dir, denn am Grunde dieses Brunnens warten das Licht und unzählige Schätze auf Dich. Du kannst für alle Herausforderungen im Leben elegante Lösungen finden und wirst genau die richtige Unterstützung bekommen, wenn Du sie am dringendsten benötigst. Aber zuerst musst Du Deinem Körper klar machen, dass er auch dann sicher ist, wenn Du nicht gleich alle Antworten kennst. Lass deinen inneren Erwachsenen das Kind in Dir lieben und im Arm halten, vor allem wenn sich Furcht einschleicht. Nach und nach wirst Du von selbst den Mut finden, in die Leere zu springen. Du wirst dort mehr Wärme und Antworten finden, als Du Dir vorstellen kannst. Vertraue auf Dein inneres Wissen. Dann werden die Menschen um Dich herum aus Deinem Brunnen schöpfen und mehr *Einfallsreichtum* und *Weisheit* zutage fördern, als Du Dir je zu erträumen wagtest. Du bist viel wertvoller als Du Dir vorzustellen vermagst.

FRAGEN ZUR KONTEMPLATION

- Wie ist Dein Verhältnis zu Angst? Neigst Du dazu, Deine Ängste zu unterdrücken oder zu leugnen? Oder lebst Du sie eher im Außen aus?

- In welchem Bereich fühlst Du Dich am ehesten *unzulänglich*? Inwieweit beeinflusst das Gefühl „nicht gut genug zu sein" Deine Gedanken, Gefühle und Handlungen?

- Neigen Menschen dazu, sich in Deiner Gegenwart eingeschüchtert oder unzulänglich zu fühlen?

- Wer hat in Deinem Leben Deine *Weisheit* erkannt und zu Tage gebracht?

- Erinnere Dich an eine Zeit, in der Du Deine *Weisheit* erlebt oder ausgedrückt hast.

- Notiere Dir 10 Deiner wichtigsten inneren Ressourcen. Achte auf die Gefühle und Gedanken, die während dieses Prozesses in Dir aufsteigen.

Solange Du Deine eigenen Stammesangehörigen als gut und andere als schlecht ansiehst, bleibst Du ein Gefangener des Schattens des 49. Genschlüssels.

Gabe: Revolution
Schatten: Reaktion
Siddhi: Neugeburt
Programmierungspartner: 4

~ Richard Rudd

MEINE WEISHEITSGESCHICHTE

Ich wurde als leidenschaftliche und sensible Idealistin geboren. Obwohl meine Familie relativ liberal war, waren meine Eltern keine engagierten Menschen. Aufgrund ihres starken Harmoniebedürfnisses sahen sie über vieles hinweg, wodurch ich einen ausgeprägten Scheinheiligkeits-Detektor entwickelte. Meine Mutter sah sich als Feministin, aber sie machte sich trotzdem klein und mein Vater nahm das hin. Meine Eltern hielten sich für unvoreingenommen, aber wenn ich Partner mit nach Hause brachte, die eine andere Hautfarbe, Herkunft oder ein anderes Geschlecht hatten, als sie erwarteten, konnte ich ihr Unbehagen an ihren Gesichtern ablesen. Unser Viertel war stolz auf seine fortschrittliche politische Einstellung, machte aber auch auf subtile Weise deutlich, dass nicht jeder als Nachbar erwünscht und Krieg manchmal notwendig war. Jeder, der anders war, wurde in gewisser Weise entmenschlicht.

Es waren die *Starrheit* und das Leugnen, die mich am meisten ärgerten. Hinter meiner Wut verbarg sich tiefer Schmerz. Wie konnte es sein, dass sie nicht das gleiche sahen, das ich sah? Oder das fühlten, was ich fühlte? Wenn ich meine Eltern damit konfrontierte und sie sich weigerten, ihre Vorurteile zuzugeben, kam es regelmäßig zum Streit.

Ich ging zum College. Meine Gedanken drehten sich im Kreis und mein Herz brach, als ich vom Leid so vieler unterdrückter Völker hörte. Ich kochte vor Wut, wenn ich spürte, wie jemand oder etwas systematisch an den Rand gedrängt wurde oder ich irgendeine Form von institutioneller Unterdrückung wahrnahm. Jahrelang bestand mein Freundeskreis aus gleichgesinnten Aktivisten und ich verurteilte meine Eltern (und die meisten anderen Menschen) dafür, dass sie es „einfach nicht schnallten".

Je hartnäckiger ich für den Frieden kämpfte, umso mehr Konflikte gab es in meinem eigenen Leben. Wenn ich bei meinem Partner meinte, auch nur einen Hauch von Rassismus wahrzunehmen, war er für mich gestorben. Erst als meine beste Freundin sich von mir trennte und mir an den Kopf warf, ich sei „die *reaktionärste* Person, die sie kenne", wachte ich auf. Sie zu verlieren war schlimm, aber es war auch ein Geschenk. Die ganze Zeit, in der ich die Welt in Kategorien wie „gut" und „unwissend" eingeteilt und viele Menschen rundweg *abgelehnt* hatte, war ich vor allem verzweifelt bemüht, selbst nicht *abgelehnt* zu werden. Meine eigene Angst vor *Ablehnung* hatte dazu geführt, dass ich so viele Menschen ausschloss, nur weil sie andere Ansichten hatten als ich.

Es dauerte ein wenig, bis ich all meine Gefühle von Beschämung, Schuld und Bedauern verarbeitet hatte. Erst als ich in der Lage war, mir selbst zu vergeben, konnte ich daran gehen, meine Beziehungen zu anderen zu reparieren.

Ich verstand endlich in der Tiefe, wie sehr wir Menschen dazu neigen, die Welt in schwarz und weiß zu unterteilen, in „uns" und „die anderen". Diese Erkenntnis setzte eine Kreativität in mir frei, von der ich nicht wusste, dass ich sie besaß. Anstatt die alte Welt *abzulehnen*, kanalisiere ich nun all meine Liebe und Energie in das Entwerfen und Miterschaffen einer neuen. Mein Ansatz für eine friedlichere Welt ist wunderbar friedlich geworden.

MEINE BOTSCHAFT AN DICH

Willkommen bei der friedlichen *Revolution*. Wenn Du Harmonie in Deine Gemeinschaft bringen willst, dann beginne, indem Du geduldig, sanft und mitfühlend mit Dir selbst bist. Gib Deinen Gefühlen Zeit, Raum und viel kreativen Spielraum. Aber bewerte sie nicht, denn wenn Du dies tust, erzeugst Du einen inneren Druck, der die Gefühle und den Drang sie auszuleben intensiviert. Dich selbst *abzulehnen* macht es Dir nur schwerer, die Dinge objektiv zu betrachten, Dein Herz zu öffnen, den anderen zu verstehen und Lösungsmöglichkeiten zu sehen. Wenn Du schon rebellieren musst, dann tu es gegen Deinen inneren Impuls anzugreifen – ganz gleich wen. Wenn Du dem Drang widerstehst, auf der Grundlage Deiner reaktionären Gefühle zu reagieren oder Dir selbst Gewalt anzutun, leistest Du einen Beitrag zu weniger Gewalttätigkeit in der Welt. Sei *revolutionär*, nicht *reaktionär*.

FRAGEN ZUR KONTEMPLATION

- Gibst Du Harmonie den Vorzug vor Lebendigkeit, Tiefe und Ehrlichkeit?
- Stößt Du Menschen häufig weg, bevor sie Dir zu nahe kommen?
- Lehnst Du Menschen ab, bevor sie die Chance haben Dich *abzulehnen*?
- Wenn Du Dich das nächste Mal emotional getriggert fühlst und versucht bist, darauf anzuspringen, zurückzuschlagen oder jemanden abzulehnen, dann frage Dich: „Fühle ich mich *abgelehnt*? Habe ich Angst davor, *abgelehnt* zu werden?"
- Was ist die liebevollste *revolutionäre* Tat, die Du heute tun kannst?

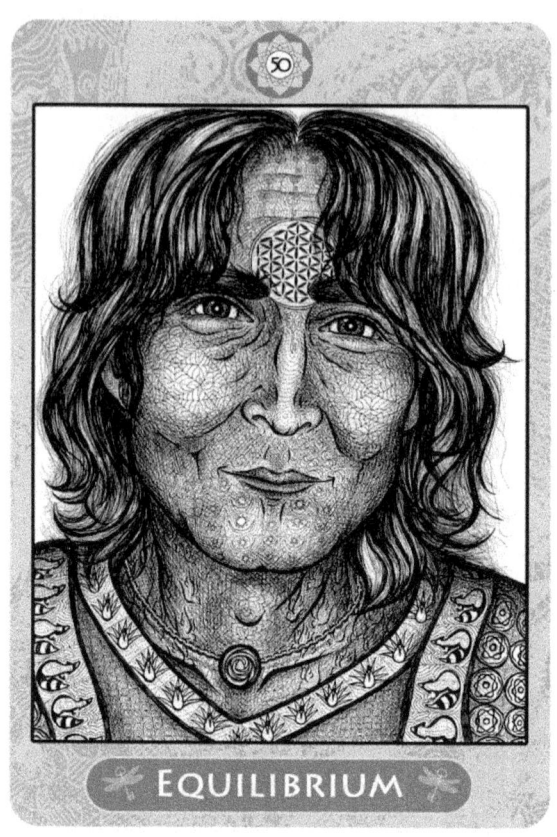

*Das Gleichgewicht kann verloren gehen,
aber Harmonie ist stets vorhanden und unendlich.*

Gabe: Gleichgewicht
Schatten: Korruption
Siddhi: Harmonie
Programmierungspartner: 3

~ Richard Rudd

MEINE WEISHEITSGESCHICHTE

Obwohl mein Vater Musiker werden wollte und meine Mutter Lehrerin, konnte keiner von beiden sich ein Studium leisten. Ihr Leben lang arbeiteten meine Eltern für einen Hungerlohn in Fabriken, die machthungrigen Unternehmern gehörten, denen es nur um den eigenen Profit ging. Vollkommen überfordert mit ihrem Arbeitspensum und der Gesamtbelastung schoben meine Eltern ihren Schmerz, ihre Scham und ihre Träume beiseite.

Ich aber war wütend – auf ihre Arbeitgeber, die Industriebosse und jegliche Form von Hierarchie. Also wurde ich zum Rebellen und meine Eltern sorgten sich wegen meiner Wutausbrüche in der Schule. Sie fürchteten meine Empörung werde dazu führen, dass ich später keine Arbeit fände. Also investierten sie das Wenige, das sie zurückgelegt hatten, um mich von dem zu heilen, was der Schuldirektor eine „psychische Störung" nannte. Aber ich wusste, dass nicht *ich* gestört war, sondern die Gesellschaft, in der wir lebten.

Sobald ich alt genug war, schnappte ich mir die Gitarre meines Vaters und ein Buch über Philosophie und trampte kreuz und quer durch Europa. Überall wohin ich ging sah ich *Korruption*. Reiche Leute regierten die Welt, reiche Länder beuteten die ärmeren aus und keiner übernahm die Verantwortung für die zerstörerischen und menschenverachtenden Auswirkungen. Die meisten behaupteten, sie würden die Welt vor dem Chaos retten. Unfähig meinen Zorn zurückzuhalten, begann ich Dinge mutwillig zu zerstören und wohnte illegal in einem Abbruchhaus. Als die

Polizei kam, um das Haus zu räumen, weigerte ich mich es zu verlassen und kam ins Gefängnis. Da ich mich zu sehr schämte, um meine Eltern um Geld für die Kaution zu bitten, saß ich meine Zeit ab. Während meiner Zeit im Gefängnis wurde mir klar, wie *unverantwortlich* ich gewesen war. Genau wie die von mir verachteten Kapitalisten hatte ich keine Verantwortung für viele meiner zerstörerischen Taten übernommen. Die egoistische Weltsicht, auf die sich die Hierarchien unserer Welt stützten, lebte auch in mir.

Ich beschloss ehrlich mit mir zu sein und meiner Scham und Angst ins Auge zu blicken. Nun erst verstand ich, wie viel vom Schmerz meiner Eltern ich in mir getragen hatte. Je stärker mein Herz sich öffnete, umso mehr begann mein Verstand von einer Welt zu träumen, in der der Wunsch nach Selbstverwirklichung von Menschen wie meinen Eltern anerkannt und gefördert wurde. Sobald ich wieder frei war, hatte ich das Bedürfnis meine Eltern auf ganz neue Weise kennenzulernen. Wir machten sogar gemeinsam Musik. Und dann begann ich nach Gemeinschaften – und Ländern – Ausschau zu halten, die neue Formen der Gesellschaft und des Zusammenlebens boten.

Was mir zuallererst auffiel war, wie ehrlich die Menschen mit sich selbst und miteinander umgingen. Ich entwickelte eine besondere Fähigkeit, die ungelebten Träume anderer zu erkennen und ermutigte sie, kreative Risiken einzugehen, um ihre Gaben zu leben. Häufig habe ich eine Art magische Wirkung auf Gruppen, denn sobald ich ein Teil von ihnen bin, ordnen sich die Dinge nahezu von alleine, ohne dass ich sagen könnte, wie es dazu kommt.

MEINE BOTSCHAFT AN DICH

Ich bringe Dir die Vision einer neuen Welt, die geprägt ist von Frieden, Harmonie und Zusammenarbeit. Ich sehe in Dir das Potenzial für inneren Frieden und die Gabe, Gleichgewicht in jede Gruppe zu bringen, von der Du ein Teil bist. Um diese Gaben wirklich zu leben, musst Du zuerst all Deine verborgenen Motive offenlegen. Steh offen zu allen Hintergedanken, die Du hast, und übernimm Verantwortung dafür – Dein Selbstvertrauen wird wachsen. Mit Selbstvertrauen kannst Du den sicheren Raum schaffen, den andere brauchen, um ihre eigenen *Schatten* anzusehen und anzunehmen. So schafft man gemeinsam eine wahrhaft friedliche Welt. Es gibt eine selbstorganisierende Intelligenz, die sich ganz von selbst zeigt, wenn Menschen die Möglichkeit gegeben wird ganz sie selbst zu sein und mit Begeisterung ihren Beitrag zu dem sich ständig wandelnden Ganzen zu leisten. Denk daran, alles spielerisch anzugehen. Was nützt uns eine neue Welt, wenn wir sie nicht genießen können?

FRAGEN ZUR KONTEMPLATION

- Hängst Du daran fest, im „System" zu arbeiten – oder auch dagegen anzuarbeiten?
- Steht Deine soziale Verantwortung manchmal Deiner Kreativität im Wege?
- Hast Du Dich jemals von Macht blenden lassen oder warst Teil eines *korrupten* Systems?
- Denk an eine Zeit, in der Du Dich besonders kreativ, verspielt oder frei gefühlt hast. Wo warst Du? Was hast Du gemacht? Wer war bei Dir?
- Was kannst Du tun, um Dich mit der Erfahrung von *Harmonie* zu verbinden?

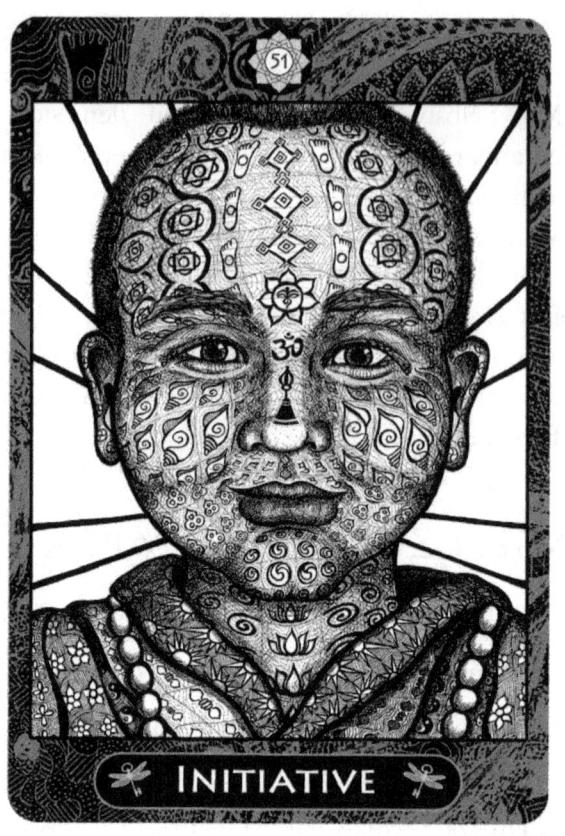

Kreative Initiative ist der Weg jedes menschlichen Geistes. Jeder von uns muss an irgendeinem Punkt in seinem Leben ausgetretene Pfade verlassen und in die unkartierte Wildnis des eigenen Herzens vorstoßen.

Gabe: Initiative
Schatten: Aufruhr
Siddhi: Erwachen
Programmierungspartner: 57

~ Richard Rudd

MEINE WEISHEITSGESCHICHTE

Ich war noch klein, als eines Tages mehrere Mönche vor unserer Tür standen und mich nach verschiedenen Tests als die Reinkarnation eines spirituellen Meisters anerkannten. Meine Eltern waren nicht sehr religiös, aber auch zu schockiert, unterwürfig und *feige*, um sich zu wehren. Ich werde nie vergessen, wie sehr ich geweint habe, als sie mich von meiner Mutter fortrissen.

Ein Jahr lang schenkte der mir zugewiesene Lehrer mir nichts als Liebe und Aufmerksamkeit. Ich liebte ihn so sehr. Er zeigte mir immer wieder Bilder meiner Eltern und erinnerte mich an unsere Verbindung. Doch eines Tages wurde unser Kloster von *feindlichen* Soldaten überfallen, die von Hass auf unser Volk getrieben waren. Mein geliebter Lehrer fand bei dem Überfall den Tod.

Bevor ich noch ganz begriffen hatte, was passiert war, hatte mich bereits ein anderer Mönch gepackt. Wir flohen durch die Berge und kamen in ein anderes Kloster. Obwohl man dort gut für mich sorgte, war ich sehr schreckhaft und nervös. Es fiel mir schwer, mich auf meine Lektionen zu konzentrieren, und noch schwerer, wieder zu jemandem Vertrauen zu fassen. Mein Verstand und mein Herz sagten mir, dass ich in Sicherheit war, aber die Botschaft kam nicht bei meinem Körper an. Ich war ständig auf der Hut und versuchte verzweifelt, gegen meinen inneren *Aufruhr* anzugehen.

Gewalt war keine Option, also übernahm mein Verstand die Regie. Ich war wie besessen davon, in der Rangfolge des Klosters aufzusteigen und erinnerte mich ständig daran, dass ich besonders war, weil ich schon in jungen Jahren auserwählt worden war. Ich war fest entschlossen, in meiner Altersgruppe der erste zu sein, der *erwachte*. Meinen Altersgenossen erschien ich furchtlos, diszipliniert und frühreif. Tief in meinem Inneren jedoch war ich traumatisiert.

Zum Glück erkannte mein neuer Lehrer meine verborgenen Ängste und verstand, welchen Schock ich erlitten hatte. Er erkannte auch, dass genau dieser Schock einer meiner größten Lehrer sein würde. Eines Tages würde er mir helfen, die falsche Sicherheit des Egos hinter mir zu lassen, die Gewissheit des Todes zu akzeptieren und zum *Einssein* zu erwachen. In seiner Weisheit wusste er aber auch, dass ich noch zu jung war, um dies zu verstehen. Anstatt mir einen Vortrag zu halten, gab er mir einen Pinsel, eine Leinwand und die Freiheit zu tun, was immer ich wollte.

Seine Anweisung war einfach: *Folge Deinem Herzen*. Der erste Pinselstrich fühlte sich an, als würde ich in einen Abgrund springen. Doch schon bald bedeckte ich die Leinwand mit fremdartigen Farben und Symbolen. Mein Körper entspannte sich, ich fand Freunde und verlor jedes Interesse daran, der Erste oder Beste zu sein. Zuerst dachte ich, ich würde durch meine Kunst etwas Neues erschaffen. Heute jedoch weiß ich, dass ich lediglich eine ewige Wahrheit wiederentdeckt und zurückverfolgt habe. Es ist nicht notwendig etwas Neues auf die Leinwand zu bringen – man muss nur enthüllen, was sich auf ihr befindet.

MEINE BOTSCHAFT AN DICH

Ich bin nicht hier, um Dich anzuleiten. Ich bin hier, um Dir einen Anstoß zu geben. Es ist an der Zeit, nicht länger ausgetretenen Pfaden zu folgen und stattdessen alles loszulassen, was Du jemals gelernt hast und eine ganz neue Art des Seins zu entdecken. Auch wenn Du auf den Schultern anderer stehst, kannst am Ende nur Du allein den Sprung wagen. Es gibt kein Sicherheitsnetz. Keine Möglichkeit, der Angst zu entkommen. Wenn Du die Angst überwinden möchtest, dann gehe durch sie hindurch. Ehre Deine kreativen Impulse, wohin auch immer sie Dich führen. Lass zu, dass Dein von Ehrfurcht erfülltes Herz Dich auf den Weg zu Deinem eigenen Herzen bringt. Gutes Gelingen ist unvermeidlich, wenn Du Dich von der Liebe in Dir leiten lässt. Wenn Du das Bedürfnis fühlst zu konkurrieren, dann messe Dich nicht mit anderen. Stecke die Energie stattdessen in Deine eigene Kreativität. Du wirst feststellen, dass Dein Drang zu konkurrieren bald durch die erfüllende Zusammenarbeit mit anderen ersetzt wird.

FRAGEN ZUR KONTEMPLATION

- Sorgen Deine Ängste dafür, dass Du *aufgewühlt* oder hoffnungslos bist oder Dich anderen gegenüber verschließt?
- Schreckst Du vor dem Leben zurück? Oder gehst Du sehr häufig Risiken ein?
- Steht Dein Konkurrenzdenken erfüllenden Beziehungen im Weg?
- Hast Du es schon einmal erlebt, dass Dir jemand *feindlich* gegenüberstand und Du nicht wusstest warum?
- Denk an einen Moment, an dem Du Dich einer Deiner Ängste gestellt und einen Durchbruch erlebt hast. Wovor hattest Du Angst? Was und wer haben Dir Mut gemacht?
- Welchen Sprung bist Du gerade in Deinem Leben aufgerufen zu tun? Finde eine kreative Möglichkeit, das Unbekannte zu erkunden.

*Je selbstloser Deine Absichten sind,
umso machtvoller werden sie sein.*

Gabe: Zurückhaltung
Schatten: Stress
Siddhi: Kosmische Ruhe
Programmierungspartner: 58

~ Richard Rudd

MEINE WEISHEITSGESCHICHTE

Ich wuchs auf einem Bauernhof auf, träumte aber stets von einem aufregenden Leben. Ich verschlang jedes Buch, das ich in die Finger bekam, und es dauerte nicht lange und ich begann selbst zu schreiben. Mit Anfang zwanzig verfasste ich einen spannungsgeladenen historischen Roman, der durch einen glücklichen Zufall das Interesse eines größeren Verlags weckte und schnell auf Platz eins der Bestsellerliste landete. Sobald ich meine ersten Tantiemen bekam, zog ich in die Großstadt, wo man mir einen Platz in einem coolen Loft anbot, das sich mehrere junge Autoren teilten. In diesem Raum, in dem das Leben tobte, schrieb ich meinen zweiten Roman.

Zu meinem Entsetzen war er ein totaler Flop. Meine Fans beschwerten sich, die Kritiker, die mich zuvor noch über den grünen Klee gelobt hatten, kanzelten mich ab und der Verleger drohte, meinen Vertrag zu kündigen, wenn ich nicht einen weiteren Bestseller produzieren würde. Als ich mein nächstes Projekt ins Auge fasste, war ich vor Angst wie gelähmt. Mein angesagter Arbeitsplatz erschien mir plötzlich nur noch chaotisch und laut.

Gestresst und *festgefahren* starrte ich stundenlang auf den leeren Bildschirm, den Kopf voller Selbstzweifel und ohne jede Idee. Ich war so verzweifelt, dass ich sogar begann Bücher darüber zu lesen, wie man einen Bestseller schreibt. Doch egal wie sehr ich mich an die Ratschläge hielt, es funktionierte einfach nicht. Meine Rastlosigkeit wurde so groß, dass ich nicht mehr stillsitzen konnte. Schließlich explodierte ich unter dem Druck. Ich warf meinen

Schreibtisch um, stürmte aus dem Gebäude und ließ meinen Vertrag sausen.

Ich nahm den ersten Flug, den ich finden konnte und landete auf einer kleinen Insel. Ich mietete ein winziges Haus auf dem Land und verbrachte dort ein paar Monate, ziemlich deprimiert und ausgebrannt.

Irgendwann fing ich mit dem Gärtnern an. Wochenlang wühlte ich mit bloßen Händen in der Erde und dachte nur daran, wie ich Pflanzen zum Wachsen bringen konnte. Während mein Körper und meine Seele entschleunigten, lernte ich, dass ich das Wachstum einer Pflanze durch Gärtnern fördern konnte, sie jedoch im Grunde genommen keine Hilfe beim Wachsen benötigte. Sie hatte ihr eigenes Timing und wusste genau, was für sie richtig war. Außerdem fiel mir auf, dass die Pflanzen besser zu wachsen schienen, wenn ich beim Einpflanzen der Setzlinge froher Stimmung war.

Diese kleinen Beobachtungen weckten den Philosophen – und Autor – in mir. Sie inspirierten mich dazu Gedichte zu schreiben, bei denen jedes Wort wie eine Blume war. Als ich mich stark genug fühlte in die große Stadt zurückzukehren, um das Chaos aufzuräumen, das ich hinterlassen hatte, wurde mir klar, dass der *Stress*, den ich dort empfunden hatte, nicht allein mein eigener war. Er war überall und jeder war davon betroffen. Ich fühlte mit der gesamten Menschheit und mir wurde klar, dass mein nächstes Buch die Auswirkungen von *Stress* auf uns alle zum Thema haben würde. Mein Schreiben soll der gesamten Menschheit dienen. Ich vertraue nun darauf, dass ich im geeigneten Moment die Inspiration und die richtigen Worte finden werde.

MEINE BOTSCHAFT AN DICH

Ich komme, um Dich von Deinem *Stress* zu befreien und Dich daran zu erinnern, dass alles in der Natur (und somit auch Du) ein eigenes Timing und ganz eigene Wachstumszyklen hat. Deine Intentionen sind wie Samen. Wenn Du etwas aus der Position der

Angst heraus beginnst, wird der Same der Angst das ganze Vorhaben prägen. Wenn Du also möchtest, dass Deine Träume wachsen und gedeihen, dann habe eine klare Intention, gieße sie mit gutem Willen und vertraue darauf, dass Deine Träume genau wissen, wann und wie sie erblühen sollen. Es ist für Dich an der Zeit, Dich mit *Zurückhaltung* anzufreunden. Übe Dich in *Geduld*. Lerne Dich nicht einzumischen. Lasse zu, dass Dein Leben und Deine Träume sich entfalten, ohne dass Du an den verschiedenen Ecken schieben und zerren musst. Und denk daran, dass Veränderung und Wachstum häufig unter der Oberfläche stattfinden und die größten Samen am meisten Zeit zum Keimen brauchen.

FRAGEN ZUR KONTEMPLATION

- In Bezug auf was fühlst Du Dich am ehesten *rastlos* und ungeduldig?
- Wo fühlst Du Dich am ehesten *festgefahren*?
- Auf welche Weise erlebst Du Stress? Wie drückt sich das aus?
- Zeigt Dein Körper derzeit Symptome eines Burnouts?
- Erinnere Dich an eine Zeit, in der Du *Zurückhaltung* geübt hast und es sich ausgezahlt hat.
- Denke an ein aktuelles Projekt. Wie kannst Du ihm neuen guten Willen und eine liebevolle Intention einflößen?
- Auf welche einfache Weise kannst Du Dich heute mit *Stille* und *Ruhe* verbinden?

Wahres Wachstum geht über die Komfortzone hinaus – es überschreitet immer wieder die zuletzt gezogene Grenze.

Gabe: Expansion
Schatten: Unreife
Siddhi: Überfluss
Programmierungspartner: 54

~ Richard Rudd

MEINE WEISHEITSGESCHICHTE

Das Leben meines Volkes war stets geprägt von Gleichgewicht und Einfachheit. Die Natur versorgte uns mit allem, was wir benötigten, und wir nahmen nie mehr als wir brauchten. Alle hatten ihre festen Aufgaben und trugen ihren Teil zur Gemeinschaft bei. Allen ging es gut.

Eines Tages zog ich mit meiner Familie in eine arktische Stadt, um das moderne Leben kennen zu lernen. Mein Mann bemühte sich, die Sprache und die Gebräuche der neuen Kultur zu erlernen, fand aber keine Arbeit. Ich hingegen hatte immer schon ein gutes Ohr für Sprachen und nutzte die angebotenen Maßnahmen zur Weiterbildung. Bald schon fand ich Anstellung in einer Weberei und wurde zur Hauptverdienerin unserer Familie.

Mein Mann verfiel in eine tiefe Depression. Alkohol ließ ihn *pathetisch*, misstrauisch und gewalttätig werden. Er verbot mir Dinge auszuprobieren und warf mir vor, seinen Platz als Familienoberhaupt eingenommen zu haben. Ich hatte Angst und fühlte mich in meiner Ehe wie gefangen. In meinem Drang auszubrechen stürzte ich mich wahllos auf alles Neue, sprang von einer Idee zur nächsten.

Dann aber nutzte ich meinen Kopf und kombinierte traditionelle Formen des Webens mit meinem neuen Wissen. Ich startete mein eigenes Bekleidungsgeschäft. Je intensiver ich die moderne Welt studierte, umso besser gelang es mir meine Produkte zu vermarkten. Mein Geschäft florierte. Bald schon konnte ich meinen Mann verlassen. Ich war entschlossen meine Unabhängigkeit zu verteidigen. Dann fand ich heraus, welche Faszination mein Volk, unsere spirituellen Gebräuche und unser Glaube an Reinkarnation auf die Reichen der westlichen Welt ausübten. Ich entwarf eine Modelinie mit hochwertigen heiligen Mänteln für wohlhabende Suchende. Sie wurden von Inuit-Schamanen gesegnet und sollten während der Meditation und bei Beerdigungen getragen werden, um die Chancen der Seele auf eine gute neue Inkarnation zu erhöhen.

Die Mäntel wurden sofort zum Verkaufsschlager. Meine Ambitionen wuchsen zusammen mit meinem Bankkonto, meinem Stresspegel und der Komplexität meines Lebens. Ich erweiterte die Linie und stieg in die Massenproduktion ein. Ich verzichtete auf Naturmaterialien und weigerte mich zu sehen, wie ich heilige Traditionen missachtete und die Angst der Menschen vor dem Tod ebenso ausnutzte wie ihre Sehnsucht nach höherem Wissen.

Erst als ich eine unserer Fabriken in China besuchte, entdeckte ich, wie schlecht unsere Arbeiter behandelt wurden und wie viel Müll wir produzierten. Mit Entsetzen wurde mir bewusst, wie weit ich mich von meinen Wurzeln entfernt hatte und wie einsam, gierig und *unreif* ich im Grunde war. Ich verkaufte mein Business und widme nun meine Zeit und Mittel der Unterstützung entrechteter indigener Völker. Ich bringe authentische Weisheit in eine Welt, die diese so dringend benötigt, und setze mich dafür ein, die Gesundheit unseres Heimatplaneten wiederherzustellen. Meine Arbeit zieht immer weitere Kreise, aber mein Leben ist einfach und im Gleichgewicht. Endlich weiß ich, wie wahrer Wohlstand aussieht.

MEINE BOTSCHAFT AN DICH

Ich bringe Dir die Gabe der *Expansion*, der Erweiterung. Es gibt etwas in Deinem Leben, aus dem Du herausgewachsen bist. Es ist an der Zeit, Dich aus Deiner Komfortzone hinaus zu bewegen. Wenn Du bislang an einer Meinung, Identität, Vision oder Weltsicht festgehalten hast, dann ist es nun an der Zeit sie loszulassen. Wenn Du versucht hast, einen Teil Deiner Vergangenheit oder Deines

Lebens auszuklammern, weil Du denkst, dass er zu nichts nutze war, dann solltest Du diesen Teil nun von Herzen annehmen. Lass den rationalen Verstand einmal außen vor und sieh, wie alles leichter und effizienter wird. Der Verstand tut sich schwer damit, dass Dinge neu beginnen und wieder enden. In Wahrheit jedoch findet ständig eine Synthese statt, befindest Du Dich immer auf dem Weg zur Ganz- und Heilwerdung. Am Ende ist nur eines wichtig: Die Erweiterung über das Herz.

FRAGEN ZUR KONTEMPLATION

- Überfällt Dich manchmal Traurigkeit?
- Schottest Du Dich von der Welt und neuen Erfahrungen ab?
- Beginnst Du häufig Dinge und schließt sie dann nicht ab?
- Gibt es einen Teil Deines Lebens, dem Du entwachsen bist? Hast Du Angst, ihn loszulassen?
- Wächst Du zu schnell? Geht Dein Wachstum auf Kosten Deiner Lebensbalance?
- Wenn Du keine Angst hättest über Deine Komfortzone hinauszugehen, in welchem Bereich würdest Du sie gerne stärker ausdehnen?

*Gier ist eine Energie, die ihre eigene Integrität opfert,
um das Gewünschte zu bekommen, und das ist ihr Untergang.*

Gabe: Bestreben
Schatten: Gier
Siddhi: Aufstieg
Programmierungspartner: 53

~ Richard Rudd

MEINE WEISHEITSGESCHICHTE

Ich wuchs im Ashram eines charismatischen Gurus auf und trat ganz von selbst in die Fußstapfen meiner *ambitionslosen* Eltern. Auch ich wurde zum Anhänger. Als Kind war ich gut im Meditieren und Beten und kannte den süßen Duft inneren Friedens.

Unser Guru predigte Großzügigkeit und den Verzicht auf jegliches persönliches Eigentum. Er war bekannt dafür Wunder zu vollbringen und sehr bescheiden zu sein. Einmal verirrte ich mich im Ashram und kam zufällig an einer der Türen zu seinen Privatgemächern vorbei. Sie war nur angelehnt, sodass ich einen Blick hineinwerfen konnte. Es schockierte mich, dort nicht nur Berge von kostbaren Dingen, sondern auch Fotos von ihm mit einigen der reichsten und korruptesten Menschen der Welt zu sehen. Bevor mich jemand bemerken konnte, lief ich geradewegs zu meinen Eltern und erzählte ihnen, was ich gesehen hatte. Sie glaubten mir kein Wort. Und selbst wenn es wahr wäre, waren sie sicher, dass es einen heiligen Grund dafür geben würde.

In den nächsten Jahren überließen meine Eltern weiterhin ihre Einnahmen und materiellen Güter dem Ashram und der Guru nahm sie mit seiner verdeckten *Gier* an. Eines Tages traute ich mich ihn darauf anzusprechen, woraufhin er mich der Lüge und Sünde bezichtigte. Meine Eltern waren zu verängstigt und verwirrt, um mir beizustehen.

Also ließ ich den Ashram und alles, für das der Guru stand, hinter mir. Ich strebte nunmehr nur noch nach Selbstverwirklichung. Ich entsagte allem Materiellen und führte ein vollkommen asketisches

Leben. Jahrelang lebte ich unter einem Baum und wanderte dann lange Zeit umher, ohne ein Wort zu sprechen. Menschen begannen mich für einen Heiligen zu halten. Obwohl ich mich so lange wie möglich gegen diese Projektionen wehrte, wurde mein Bedürfnis zu dienen irgendwann so groß, dass ich es nicht länger ignorieren konnte.

Ich begann Liebe, Vergebung, Dienst am Nächsten, Wohltätigkeit, Genügsamkeit, inneren Frieden, Hingabe und Respekt für alle Menschen zu predigen, ganz gleich welcher Religion oder Kaste sie angehörten. Ich empfahl meinen Anhängern ein normales Familienleben zu führen und ihre Mittel für sich selbst zu nutzen. Doch dann wurde unser Land von einem schrecklichen Erdbeben heimgesucht. Tausende wurden obdachlos. Mir wurde schlagartig bewusst, dass ich mit einer einfachen Bitte genügend finanzielle Mittel zusammenbekommen könnte, um allen Betroffenen zu helfen.

In diesem Moment verstand ich, wie sehr meine Angst vor *Gier* meine Fähigkeit zu dienen eingeschränkt hatte. Um die Wunden aus meiner Vergangenheit zu heilen, musste ich lernen mir selbst zu vertrauen und auf der tiefsten Ebene zu verstehen, dass meine Hände nichts anderes waren als die Hände der Welt. Mittlerweile besitze ich eine Stiftung, über die ständig Ressourcen gesammelt und neu verteilt werden. Nahrung, Geld und Liebe sind in meinem Leben, meinem Heim und meiner Gemeinschaft im freien Fluss. Ich halte nur an wenigem fest, muss aber auch nichts mehr von mir weisen.

MEINE BOTSCHAFT AN DICH

Ich bringe Dir die Gabe des *Bestrebens*. Schau Dir ganz genau an, wo Du immer noch von Angst, Konkurrenzdenken und dem Drang getrieben wirst, nur Dir selbst zu dienen. Ich komme, wenn es an der Zeit ist darüber nachzudenken, wie Du andere dabei unterstützen kannst, eine gesündere und nachhaltigere Welt zu erschaffen. Erwecke Deinen inneren Robin Hood. Gib der Welt etwas zurück. Denke ganzheitlich und finde kreative Wege, um die Ressourcen unseres Planeten gerechter zu verteilen. Wenn Du kein Geld hast, dann gib Zeit, Energie, Weisheit und Liebe. Wenn Du Dich bislang an Deine Mittel und Besitztümer geklammert hast, dann ist jetzt eine gute Zeit, um sie loszulassen. Wenn Du bislang die Großzügigkeit anderer abgelehnt hast, dann ist jetzt eine gute Zeit, um etwas anzunehmen. Lass zu, dass die Dinge in den Fluss kommen, und alles wird gedeihen.

FRAGEN ZUR KONTEMPLATION

- Wo ist Dein Leben im Fluss? Wo hältst Du Dich zurück?
- Leidet Deine Integrität unter Deinem Ehrgeiz und Bestreben?
- Hat der Wunsch Dinge zu besitzen und anzuhäufen in Deinem Leben die Oberhand gewonnen?
- Hast Du Deine Ambitionen aus Enttäuschung fallen gelassen?
- Hält Deine Ablehnung des Materialismus Dich davon ab, Dinge zu bekommen?
- Wie könntest Du Dich dafür öffnen, mehr von anderen anzunehmen?
- Mache eine Bestandaufnahme von allem, was Du hast. Wo gibt es Überfluss? Finde drei Dinge, die Du heute verschenken oder umverteilen kannst.

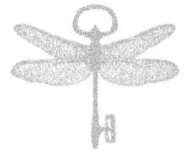

Erst ganz zum Schluss, wenn wir die Hoffnung auf Erlösung nahezu aufgegeben haben, kommt die Freiheit.

Gabe: Freiheit
Schatten: Opferdasein
Siddhi: Freiheit
Programmierungspartner: 59

~ Richard Rudd

MEINE WEISHEITSGESCHICHTE

Seit ich mich erinnern kann, war ich launisch und ständig auf der Suche nach äußeren Gründen, die meine Launenhaftigkeit erklären könnten. Meine gesamte Jugend lang jagte ich Dingen und Menschen hinterher, von denen ich mir Freude versprach. All jene, die ich für meinen Schmerz verantwortlich machte, mied ich oder wies ihnen die Schuld zu. Mit zunehmender Reife wurde meine Sehnsucht nach Möglichkeiten, mir ein oberflächliches gutes Gefühl zu verschaffen, ersetzt durch den Wunsch nach persönlicher Freiheit, romantischer Liebe und spiritueller Erleuchtung.

Ich machte mich also auf die Suche nach dem perfekten Seelenpartner, dem besten Lehrer und einem erhöhten Seinszustand. Ich wurde zum professionellen Sucher, tantrischen Genie und Workshop-Junkie. Ich verliebte mich in so viele Menschen, Lehren und Gurus (und entliebte mich anschließend wieder), dass ich sie nicht mehr zählen konnte. Immer, wenn ich verliebt war, glaubte ich frei zu sein.

In Wahrheit saß ich in der Falle, war süchtig nach der immerwährenden Hoffnung auf eine romantische Beziehung, die Befreiung, die Katharsis des Dramas. Ich lebte von der Enttäuschung und fühlte mich insgeheim großartig, wenn ich über meinen nicht enden wollenden Strom an Unglück berichten konnte. Mein Leben war eine Achterbahn, ich selbst ein Spielball meiner Gefühle. Auch wenn ich all meine „Probleme" erkennen und erklären konnte, war ich zugleich absolut blind für die Tatsache, dass ich keinerlei Verantwortung für mein Leben übernahm. Ich gab immer noch meine Macht an etwas oder jemanden „da draußen" ab, der oder das mich wahlweise retten oder unglücklich machen konnte.

Am Ende ging es immer um mich. *Meine* Liebe. *Mein* Erwachen. *Mein* Glück. *Meine* Enttäuschung. Erst als ich eine Frau traf, die den Kern der *Opfermentalität* in mir erkannte, schaffte ich es mein Herz wahrhaft zu öffnen. Ich konnte mich nicht länger vor ihr oder mir selbst verstecken.

Durch die Nähe und Intimität unserer Partnerschaft habe ich gelernt, mich meinen tiefsten Ängsten und verborgenen Wünschen zu stellen. Zum ersten Mal in meinem Leben wuchs ich an der Liebe anstatt an ihr zu scheitern. Und das beschränkte sich nicht allein auf unsere Paarbeziehung.

Ich hörte auf zu jammern und anderen die Schuld zu geben. Da ich nun nicht länger in komplizierten Geschichten und verheerenden Dramen gefangen war, hatte ich die Freiheit, tiefer und umfassender zu fühlen. Ich konnte Entscheidungen treffen, ohne ständig diese quälende Ungewissheit zu spüren. Ich klammerte mich nicht länger an Lehrer oder Techniken und begann so die Synchronizität zu erleben, von der ich immer geträumt hatte. Ganz von selbst tat ich mehr von dem, was mir Freude machte, schrieb Lieder, verbrachte Zeit in der Natur und mit Freunden.

Heute entspannen sich die Menschen in meiner Gegenwart. Sie fühlen sich frei die Person zu sein, die sie sind. Ich weiß nun tief in meinem Inneren, dass ich mit dem gesamten Leben verbunden bin.

MEINE BOTSCHAFT AN DICH

Ich komme, um Dir zu sagen, dass die *Freiheit*, nach der Du suchst, nichts mit dem zu tun hat, was Du tust, verstehst oder fühlst. Es geht vielmehr um die Haltung und Einstellung, die Du hast, unabhängig von dem, was sich in Deinem Inneren oder um Dich herum abspielt. Kannst Du Dein Leben leben, ohne zu sehr auf Wege, Systeme und Strukturen im Außen zu vertrauen? Kannst Du das, was Du fühlst vollkommen zulassen, ohne Dich im Drama oder in Geschichten im Kopf zu verlieren? Kannst Du Sehnsucht verspüren, ohne sie sofort erfüllen oder ihr entkommen zu wollen? Kannst Du auch in schmerzlichen Momenten inneren Frieden finden? Kannst Du Dich damit abfinden, etwas nicht zu wissen? Kannst Du einfach nur SEIN? Du bist in dem Moment *frei*, in dem Du den Gedanken loslässt, dass jemand anderes für Dein Leben verantwortlich ist oder Du vom Leben getrennt bist. Übe Transparenz und radikale Selbstannahme und Du wirst Deine Großartigkeit erkennen.

FRAGEN ZUR KONTEMPLATION

- Wo bist Du Dein eigener ärgster Feind?
- Über wen oder was beklagst Du Dich am meisten beziehungsweise wem oder was weist Du Schuld zu?
- Wo fühlst Du Dich am meisten als *Opfer*? Sei ehrlich.
- Auf welche Systeme oder Strukturen verlässt Du Dich oder hinter welchen versteckst Du Dich? Was würde wohl passieren, wenn Du sie losließest?
- Denk zurück an eine Zeit in Deinem Leben, in der Du Dich *frei* und machtvoll fühltest. Wie würdest Du Deine Gesamteinstellung in jener Zeit beschreiben?
- Verbringe einen ganzen Tag, ohne Dich zu beklagen oder jemanden zu beschuldigen. Schau was passiert.

*Wahre Freude hat ihren Ursprung in
Dir selbst und nicht im Außen.*

Gabe: Bereicherung
Schatten: Ablenkung
Siddhi: Trunkenheit
Programmierungspartner: 60

~ Richard Rudd

56

MEINE WEISHEITSGESCHICHTE

Ich war ein kreatives Kind und hasste die Schule. Meine Eltern waren viel zu sehr mit ihrer Arbeit und dem Anschauen von Nachrichtensendungen im Fernsehen beschäftigt, um zu bemerken, wie gelangweilt und gefangen ich mich fühlte (oder wie unglücklich sie selbst waren). Als Teenager wurde ich mürrisch. Wenn ich von der Schule nach Hause kam, schloss ich mich in mein Zimmer ein, hörte stundenlang Musik und betäubte mich mit Gras. Ständig war ich abgelenkt oder verlor mich in irgendwelchen Fantasien. Eltern und Lehrern warf ich vor, keine Ahnung zu haben und sich wie Roboter zu verhalten.

Als ich 14 wurde schenkten meine Eltern mir eine Gitarre und ich begann wie besessen Texte zu schreiben und Musik zu machen. Ich schrieb über alles, das ich sah und über die Gefühle, die die Einsamkeit und Leere unserer geschäftigen Welt in mir auslösten. Irgendwann hatte ich den Mut, meine Songs auf der Straße zu spielen. Meine Musik fand Anklang bei jungen Menschen und ich wurde recht bald von einer großen Plattenfirma entdeckt und unter Vertrag genommen.

Als junger Mann gab ich im ganzen Land Konzerte und lebte das Leben eines Rockstars. Ich schlief mit unzähligen Frauen und nahm Unmengen an Drogen. Meine Auftritte hatten immer eine besondere Tiefe und bewegten mein Publikum. Ich war allerdings viel zu high, um das mitzubekommen. Im Laufe der Zeit brauchte ich immer mehr Reize, um überhaupt noch etwas zu fühlen. Ich konnte nicht *überstimuliert* genug sein, war ständig auf der Suche nach dem nächsten extremen Kick, bis ich eine Überdosis nahm und fast daran gestorben wäre.

Als ich ganz allein im Krankenhaus aufwachte, wurde mir bewusst, wie leer und außer Kontrolle mein Leben war. Es gab kein Gleichgewicht. Keine Liebe. Keine wahre Verbindung. Ich war im Grunde genommen genau wie die beschäftigten, einsamen Menschen, über die ich Lieder schrieb. Und mir wurde klar, dass ich niemals im Außen suchen durfte, wenn ich wirklich den Reichtum des Lebens entdecken wollte. Ich musste in mein Inneres gehen und fühlen. Und das tat ich dann auch. Von einem Tag auf den anderen gab ich alle Drogen auf. Eine Weile lang dachte ich, die körperlichen Schmerzen würden mich umbringen. Aber als der Entzug einmal geschafft war, musste ich feststellen, dass die wahre Herausforderung darin bestand, mir den emotionalen Schmerz anzusehen, den ich all die Jahre verdrängt hatte, und ihn wirklich zu fühlen.

Ich habe eine Weile gebraucht, um zu lernen, wie ein wirklich ausgeglichenes Leben aussieht. Heute kann mich ein einziges Lied zu Tränen rühren. Ein Tropfen Wein reicht aus, um mich zu entspannen. Und ich liebe es, mit anderen Menschen zusammen zu sein, mit ihnen zu lachen und gute Stimmung zu verbreiten.

MEINE BOTSCHAFT AN DICH

Ich bin hier, um Dir wahre *Bereicherung* zu bringen, nicht nur Spaß oder Unterhaltung. Ich möchte, dass Du das Beste aus Deinem Leben machst, damit Du das Leben anderer bereichern kannst. Zuerst jedoch musst Du lernen, das richtige Gleichgewicht zwischen Spaß und Ernsthaftigkeit zu finden. Und Du musst Dir bewusst machen, auf welche Weise Du Dich davon *ablenkst*, wer Du bist und wie Du wirklich fühlst. Es gilt zu lernen, was Dich wirklich nährt und was Dir eher Kraft raubt. Beobachte, wo Du noch immer ein Opfer Deiner Sinne, des übermäßigen Genusses oder des Selbstverzichts bist. Mich interessiert nicht so sehr was Du tust, sondern vielmehr aus welchem Beweggrund Du es tust. Steckt Angst dahinter, tust Du wahrscheinlich zu viel oder zu wenig oder Dein Timing ist falsch. Ist Dein Beweggrund hingegen Liebe, dann brauchst Du keine Regeln und Protokolle, um Dich zu leiten. Deine Aufmerksamkeit wird sich ganz automatisch nach innen und auf Dankbarkeit richten und Du wirst die Welt mit Deinem Sein bereichern.

FRAGEN ZUR KONTEMPLATION

- Zu was oder wem kannst Du schlecht Nein sagen?
- Wo befindest Du Dich im Bereich übermäßigen Genusses? Wo leistest Du Selbstverzicht?
- Fühlst Du Dich manchmal mürrisch und dumpf, wie innerlich ausgelaugt?
- Bist Du häufig überstimuliert?
- Was sind für Dich derzeit die stärksten *Ablenkungen*?
- Denk darüber nach, wer und was Dein Leben wirklich bereichert.
- Wann hast Du zum letzten Mal das Leben von jemandem bereichert?
- Wähle eine Deiner Lieblingsablenkungen aus. Gib sie für einen Tag auf und schau, was passiert.

Jedes Mal, wenn Du Deiner Intuition traust oder eine intuitive Entscheidung fällst, hebst Du die Frequenz Deiner gesamten Aura an.

Gabe: Intuition
Schatten: Unbehagen
Siddhi: Klarheit
Programmierungspartner: 51

~ Richard Rudd

MEINE WEISHEITSGESCHICHTE

Meine Mutter erlitt drei Fehlgeburten, bevor ich zur Welt kam. Schon in der Schwangerschaft mit mir war sie sehr ängstlich und später eine *zögerliche*, überbehütende Mutter, die sich ständig darum sorgte, dass ich krank werden oder einen Unfall erleiden könnte. Sie klammerte sich an rationales Denken, als ob ihr Leben davon abhinge, aber ihre endlosen Pro-und-Kontra-Listen lähmten sie vor allem. Mein Vater hingegen war ungeduldig und neigte zu überstürzten Handlungen, was in der Regel in finanziell riskante Entscheidungen mündete und einer noch ängstlicheren Mutter.

Ich stand meinen Eltern sehr nahe und konnte ihre Gedanken und Gefühle so wahrnehmen als wären es meine eigenen. Als ich älter wurde, stellte ich fest, dass ihre Art zu leben ihnen vor allem Schmerz und Frustration bescherte. Wenn es um das Treffen von Entscheidungen ging, schienen die gegensätzlichen Strategien von Überängstlichkeit und Impulsivität gleichermaßen nutzlos. Ich wollte ihnen gerne helfen und suchte nach alternativen Wegen, Wahrheit und Wissen zu finden.

Ich beschäftigte mich mit *Intuition*, las Bücher über außersinnliche Wahrnehmung, arbeitete mit Orakelkarten und trainierte meine übersinnlichen Fähigkeiten. Aber erst als ich die weite Welt der Astrologie entdeckte, zündete ein Funke in mir und ich vertiefte mich völlig in die Materie. Nachdem ich nahezu zwanghaft Horoskope studiert hatte, entdeckte ich die Welt der Transite und meine Gebete wurden erhört. Endlich hatte ich eine Möglichkeit gefunden, in die Zukunft zu schauen und Menschen zu helfen, mit ihren Ängsten und den Unwägbarkeiten des Lebens umzugehen.

Schon bald machte ich mir einen Namen, und schließlich regierte die Astrologie mein gesamtes Leben. Ich brauchte den Segen der Sterne, um etwas zu tun oder jemandem einen Rat geben zu können. Ich wurde abhängig vom Status, dem Geld und der Sicherheit, die mein Erfolg mir brachten. Gleichzeitig wurde ich zunehmend paranoid und verlor der Kontakt zu meiner *Intuition*.

Als ich meine leisen Ahnungen, dass es meiner Mutter gesundheitlich nicht gut ging, in den Wind schlug, weil die Sterne etwas anderes sagten, und sie schwer erkrankte, wurde ich von Schuld- und Schamgefühlen überwältigt. Wie hatte es passieren können, dass ich mich so weit von meinem inneren Wissen entfernte? Die Erkenntnis traf mich wie ein Blitz. Das Leben *war* unsicher. Ganz gleich wie versiert ich war oder wie genau astrologische Vorhersagen waren, ich konnte weder das Leben kontrollieren noch konnte ich geliebte Menschen vor dem Unbekannten schützen.

Fünf Jahre lang verfolgte ich keinen einzigen Transit. Ich lernte, mich dem Schmerz und der Schönheit der Ungewissheit zu stellen und beides vollkommen zu fühlen. Heute setze ich meine Intuition und mein astrologisches Wissen spielerisch und mit Liebe ein, nicht mit Angst. Ich bin endlich gelassen und entspannt.

MEINE BOTSCHAFT AN DICH

Ich komme, um Dich an die leise Stimme in Deinem Inneren zu erinnern, die Dich mit dem Leben an sich verbindet. Deine *Intuition* ist eine Deiner größten Gaben. Vertrau darauf. Wir leben in einer Welt, die besessen ist vom verstandesmäßigen Denken. Es wird so viel Wert darauf gelegt, den Verstand zu erkunden und für alles einzusetzen. Du jedoch hast die Fähigkeit wahres Wissen zu erfahren. Du kannst Dinge wahrnehmen, noch bevor Du sie mit Deinen Sinnen erfassen kannst. Es ist an der Zeit, Deine Urinstinkte anzunehmen und Dich nicht länger auf Theorien und Methoden zu verlassen. Ich schlage damit nicht vor, dass Du Deinen Verstand oder Deine Techniken beiseite lassen sollst. Sie sollen vielmehr Diener Deiner *Intuition* sein. Wenn Du diese Kunst erlernst, wirst Du feststellen, dass alte Ängste sich auflösen, Beziehungen leichter werden und die Dinge wie von selbst laufen. Hör auf die Botschaften Deines Körpers und vertraue den feinen Härchen in Deinem Nacken.

FRAGEN ZUR KONTEMPLATION

- Ignorierst Du manchmal Deine *Intuition* oder sagst „ja", bevor Du bereit bist, weil Du Angst hast etwas zu verpassen? Oder weil das Warten auf Klarheit sich zu *unbehaglich* anfühlt?

- Verpasst Du wunderbare Gelegenheiten, weil Du Angst hast Deinen Instinkten zu vertrauen und den Sprung ins Ungewisse zu wagen?

- Fällt es Dir aufgrund von Sorgen, Zweifeln und Ängsten schwer, die Stimme Deiner *Intuition* zu hören?

- Achte ganz besonders auf diese kleine leise Stimme in Dir, Dein klares und spontanes Wissen. Was sagt sie Dir gerade jetzt? Folge ihr am heutigen Tag, selbst wenn Dein Verstand dagegen aufbegehren sollte. Schau was passiert.

Ein Mehr an Lebensfreude bedeutet nichts anderes als ein Mehr an Freiheit.

Gabe: Lebensfreude
Schatten: Unzufriedenheit
Siddhi: Glückseligkeit
Programmierungspartner: 52

~ Richard Rudd

MEINE WEISHEITSGESCHICHTE

Sobald ich laufen konnte, stand ich auf dem Surfbrett. Als Junge wollte ich nichts lieber als den ganzen Tag lang im Wasser spielen und auf den Wellen reiten. Eines Tages erlebte ich beim Surfen einen Moment reiner *Glückseligkeit*. Die nächsten zehn Jahre verbrachte ich mit dem Versuch, dieses Erlebnis zu reproduzieren. Ich arbeitete hart daran, meinen Instinkt, meine Ausdauer und meine Fähigkeiten zu verbessern. Je stärker ich wurde, umso mehr fühlte ich mich berufen, die Welt zu verbessern.

Also tauchte ich in die Welt der Selbsthilfe-Bücher ein und wanderte von Buch zu Buch und von Lehrer zu Lehrer, ohne etwas zu finden, das mich vollkommen zufriedenstellte. Die einzigen Wahrheiten, die wirklich einen Sinn zu ergeben schienen, waren diejenigen, die ich beim Surfen erfahren hatte. Es hatte mich alles über gesunde und ungesunde Ängste, Perfektion und Flexibilität, Freude und Freiheit gelehrt. Und darüber, vollkommen im Jetzt zu sein. Also schrieb ich ein Buch über meine Erfahrungen, und bevor ich mich versah, war ich im ganzen Land unterwegs und inspirierte andere Menschen.

Trotzdem war ich immer noch *unzufrieden*. Das Reisen und die Seminare waren Stress für mich und mir blieb nicht genügend Zeit zum Surfen. Also buchte ich eine Reise zu einem bekannten Ort für Surfer, fest entschlossen mich auszuklinken und wieder zu meiner Freude zu finden. Und dann kam eine Welle, auf die ich nicht vorbereitet war.

Ich war so schwer verletzt, dass man mir sagte, ich werde

wahrscheinlich nie wieder laufen können. Als ich Monate lang flach auf dem Rücken im Krankenhaus lag, begann mein wahrer spiritueller Weg. Zunächst war ich am Boden zerstört. Doch im Laufe der Zeit und als ich lernte zu akzeptieren, dass dies mein neues Leben war, begann ich auf tiefster Ebene zu verstehen, dass es keine Zukunft und keine Vergangenheit gibt. Es gibt nur das Jetzt. Jedes Mal, wenn ich gegen die Wahrheit meiner jetzigen Situation ankämpfte, *störte* ich den Fluss des Lebens.

Als mir dies klar wurde, begann ich unerwartete Momente der *Glückseligkeit* zu erleben, obwohl es in meinem Leben nur wenig gab, über das ich glücklich hätte sein können. Innerhalb von zwei Jahren konnte ich wieder gehen, nach weiteren zwei stand ich erneut auf dem Surfboard. Ich war so dankbar, überhaupt noch am Leben zu sein, dass alle Anhaftungen von mir abfielen. Es ging nicht um die Wellen, mein Können oder meine Leistung. Es ging nicht einmal darum, was für ein tolles Erlebnis dies war. Es ging allein ums Sein. Zugleich ein kleiner Tropfen zu sein und der große Ozean.

Heute bringe ich ganz unterschiedliche Menschen – gesunde, kranke, alte, junge, behinderte oder demente – ans Meer, um dort mit Delphinen zu schwimmen. Jeden Tag sehe ich, wie Wellen des Glücks und der Freiheit in ihnen aufsteigen. Und ich bereue nicht einen Augenblick der schmerzlichen und zugleich transformierenden Reise, die mich an diesen Punkt gebracht hat.

MEINE BOTSCHAFT AN DICH

Ich bin hier, um Dir zu sagen, dass Du nicht länger gegen Deine wahre Natur ankämpfen sollst. Du wurdest mit einer Lebenskraft und *Lebensfreude* geboren, die ausgedrückt werden muss. Du kannst versuchen sie zu manipulieren, indem Du sie neu zu erfinden suchst oder indem Du Dich dagegen wehrst, *unzufrieden* zu sein. Aber Du kannst nichts an der Lebendigkeit ändern, die in Dir pulsiert. Also kannst Du Dich ihr am besten gleich hingeben. *Unzufriedenheit* ist ein natürlicher Teil des Lebens. Ohne sie würden wir uns nicht weiterentwickeln, es fehlte uns die Motivation, die Welt zu einem besseren Ort machen zu wollen. Wenn Du dem Leben gestattest, sich durch Dich auszudrücken, ohne Widerstand oder Urteil, tritt ganz von selbst *Glückseligkeit* ein. Die Zukunft liegt nicht in unserer Hand, sie existiert noch nicht. Es gibt nur das Jetzt. Höre also auf damit, ständig für die Zukunft zu planen. Lass das Leben Dich formen und schau zu, wie sich Deine wahre Bestimmung entfaltet.

FRAGEN ZUR KONTEMPLATION

- Hängst Du immer noch dem Glauben an, dass Du ein perfektes und friedliches Idyll in der Zukunft erschaffen kannst und musst, das dann bis zum Ende Deines Lebens Bestand hat?
- Versuchst Du immer noch, eine längst vergangene Erfahrung der Freude zu reproduzieren?
- Suchst Du außerhalb Deiner selbst nach Glück?
- Inwieweit haben unbefriedigende Erfahrungen zu Deiner Entwicklung und Deinem Wachstum beigetragen? Inwieweit haben sie den Dienst beeinflusst, den Du leistest?
- Wann hast Du Deine *Lebensfreude* gespürt oder einen Moment der *Glückseligkeit* erlebt?
- Erstelle eine Liste der Dinge im Leben, mit denen Du unzufrieden bist. Auf welche Weise versuchst Du *Unzufriedenheit* aufzulösen oder zu vermeiden? Versuche einen Tag oder eine Woche lang, *Unzufriedenheit* auszuhalten, ohne etwas dagegen zu tun.

Wenn diese Herzöffnung eintritt, wird wahre Nähe geboren und zwei Menschen treffen sich in einem einheitlichen Bewusstsein.

Gabe: Intimität
Schatten: Unehrlichkeit
Siddhi: Transparenz
Programmierungspartner: 55

~ Richard Rudd

MEINE WEISHEITSGESCHICHTE

Zwischen meinen Eltern herrschte eine starke Anziehung, aber ihre Beziehung war geprägt von Spannungen und Streitigkeiten. Mein Vater beschwerte sich, dass er sich wie im Käfig fühle. Wenn er abends wegging, bombardierte meine Mutter ihn mit *aufdringlichen* Fragen und bekam Wutanfälle, wenn er seine angeblich jüngste außereheliche Affäre nicht beichten wollte. Meist zog mein Vater dann beleidigt ab und hielt sich von Familienaktivitäten fern. Doch anstatt mit uns darüber zu reden, wie ausgeschlossen er sich fühlte, ging das ganze Fiasko nach kurzer Zeit wieder von vorne los.

Meine gesamte Kindheit hindurch hatten meine Eltern so viele Geheimnisse und zeigten ihre Verletzungen nie offen. Als Teenager war ich tiefsinnig, schüchtern und introvertiert. Im Gegensatz zu meinen Geschwistern fiel es mir schwer, mit dem anderen Geschlecht umzugehen. Es schien alles so schwierig zu sein. Also blieb ich zuhause, während sie sich mit Freunden trafen, und fühlte mich ebenso ausgeschlossen wie meine Mutter. Selbst wenn sie mich einluden mitzukommen oder versuchten, ein Date für mich zu organisieren, war ich davon überzeugt, sie hätten einfach nur Mitleid mit mir und wollten mich eigentlich nicht mit dabei haben, also lehnte ich ab.

Als ich älter wurde, entwickelten sich Freundschaften mit Männern, aber ich interessierte mich nie für die netten Exemplare. Wenn ich mit jemandem zusammen war, den ich anziehend fand – in der Regel ein mieser Typ – spürte ich schnell Misstrauen und machte dicht. Bis ich dann einen Mann traf, dem ich nicht widerstehen konnte. Unsere sexuelle Anziehung war so stark, dass sie sich regelrecht spirituell anfühlte. Zum ersten Mal in meinem Leben dachte ich über Ehe und Kinder nach.

Er war kein schlechter Mann und ich bin davon überzeugt, dass er mich wirklich gern hatte. Aber ich konnte meine Ängste nicht kontrollieren, die mich fest im Griff hatten. Um ihn nicht zu verlieren, verbarg ich Aspekte von mir und spielte Spielchen, um sein Interesse wach zu halten. Ich zweifelte häufig daran, ob er tatsächlich mit mir zusammen sein wollte, also zog ich mich aus seinem sozialen Leben zurück und fühlte mich dann prompt *ausgeschlossen*. Als er mir vorwarf kontrollierend, eifersüchtig und *unehrlich* zu sein, beendete ich die Beziehung.

Ich habe lange gebraucht, um über den Verlust dieser Partnerschaft hinwegzukommen und die Angst unter der Trauer und der Wut wahrzunehmen. Die Angst, die ich seit meiner Kindheit mit mir herumschleppte. Das war der Anfang einer langen Reise hin zu radikaler Ehrlichkeit mit mir selbst und in meinen Beziehungen. Heute beraten mein geliebter Partner und ich andere Paare und helfen ihnen, ihre Ängste und Wahrheiten zu offenbaren und die Ohren und Herzen füreinander offen zu halten, ohne sich zu verschließen oder den anderen wegzustoßen. *Intimität* ist mein größter Lehrer und mein spiritueller Weg.

MEINE BOTSCHAFT AN DICH

Es ist an der Zeit, mit den Menschen, die Du liebst, reinen Tisch zu machen. Um wirkliche Nähe und Intimität zuzulassen, musst Du vollkommen aufrichtig mit Dir selbst sein und bereit, Deine tiefsten Ängste zu akzeptieren und auszudrücken. Eines musst Du verstehen: Wenn Du die Tür für einen anderen Menschen öffnest, lässt Du die Kontrolle los und öffnest Dich dafür, auf einer tiefen emotionalen Ebene berührt zu werden. Wenn Du Wunden aus der Vergangenheit in Dir trägst, wie es bei den meisten von uns der Fall ist, kann das Angst machen. Ganz gleich, ob Du fürchtest in eine Falle zu geraten oder verlassen zu werden, bewerte Deine Gefühle nicht. Dein Lohn werden befreite Kreativität, Schönheit und Sinnlichkeit sein und die wundervolle Möglichkeit, mit einem anderen Menschen ein Feld des Bewusstseins zu teilen. Es gibt nichts, was zwei offene Herzen nicht gemeinsam erreichen können.

FRAGEN ZUR KONTEMPLATION

- Hält Dich die Angst, von Deinem Partner verlassen zu werden davon ab, ehrlich zu sein oder Dich noch mehr auf ihn oder sie einzulassen? Führt sie dazu, dass Du Deinen Partner verstärkt zu verführen oder zu kontrollieren suchst?
- Sabotiert Deine Angst davor angebunden zu sein eine aktuelle (oder potentielle) Beziehung? Schmiedest Du häufiger Fluchtpläne?
- Fühlst Du Dich manchmal *ausgeschlossen* oder schließt Du Dich selber aus Angst aus?
- Verwundert es Dich manchmal, welche Menschen Du anziehend findest?
- Denk zurück an eine Zeit, in der Du den Mut hattest *transparent* zu sein. Welche Wirkung hattest Du damals auf andere? Wie hast Du Dich gefühlt?
- Schau Dir an, wie eng Deine Grenzen gesteckt sind, wenn es darum geht, anderen zu vertrauen. Wie kannst Du Sie womöglich erweitern? Notiere Dir Deine Gedanken.

Damit Magie geschieht, bedarf es nur einer irgendwie gearteten Struktur und eines offenen Geistes.

Gabe: Realismus
Schatten: Begrenzung
Siddhi: Gerechtigkeit
Programmierungspartner: 56

~ Richard Rudd

MEINE WEISHEITSGESCHICHTE

Ich wuchs in einem Teil der Erde auf, in dem religiöser Fanatismus, Armut und *Ungerechtigkeit* an der Tagesordnung waren. Als Reaktion auf die Unterdrückung beteten die Menschen um Wunder. Auch ich betete als Kind – für eine bessere Welt, in der Frauen und Kinder mehr Rechte hätten.

Doch mit zunehmendem Alter wurde ich des Betens überdrüssig. Magisches Denken half niemandem und ich vertraute weder den Gesetzen meines Landes noch den Leuten, die die Gesetze machten. Als der Diktator des Landes gestürzt wurde, durften Mädchen wie ich endlich studieren. Mir war sofort klar, dass ich Juristin werden wollte, damit ich das kranke System meines Landes von innen heraus würde verändern können.

Als einziges Mädchen in meiner Familie, das jemals eine höhere Bildung erhielt, vertiefte ich mich in meine Bücher, beschäftigte mich mit jedem nur erdenklichen Gesetz und wurde eine geschickte Debattiererin, die jedes Argument gegen das aktuelle Unterdrückersystem mit unwiderlegbaren Beweisen untermauerte. In meinem Arbeitsleben war ich erfolgreich, aber in meinem Inneren fühlte ich mich leer und *unstrukturiert* und mein Beziehungsleben war praktisch nicht vorhanden. Ich hatte keine echten Verbündeten. Mein Denken war eng, begrenzt und *starr* geworden. Ich hatte vergessen, wie man träumt und ich hatte den Kontakt zu meiner Liebe zur *Gerechtigkeit* verloren, die mich zum Lernen und Dienen motiviert hatte.

Ich begann sogar mich über die Frauen zu ärgern, für deren

Rechte ich kämpfte. Wenn sie nicht meiner Meinung waren oder das, was ich für sie tat, nicht zu schätzen wussten, machte mich das unsagbar wütend. Ich stellte fest, dass sie keine Ahnung hatten, wie sie ihre Träume von einem besseren Leben in die Tat umsetzen konnten. Doch sie waren auch wütend auf mich, denn ich war so sehr damit beschäftigt ihre Rechte zu verteidigen, dass ich darüber vergaß, sie zu lieben, zu achten und als menschliche Wesen mit einer eigenen Stimme zu sehen.

Als eine meiner treusten Anhängerinnen zu ihren fanatisch-religiösen Wurzeln zurückkehrte, wachte ich auf, ließ das Argumentieren sein und begann, mir die tatsächlichen Träume, Bedürfnisse und Wünsche der Menschen anzuhören, die ich vertrat. Heute blicke ich hinter die Dinge und ehre den unterdrückten Teil, den jeder von uns in sich trägt. Ich nutze mein juristisches Wissen, um andere zu unterstützen und in ihre Kraft zu bringen. Meine Unvoreingenommenheit und mein offenes Herz leiten mich bei allem, was ich tue. Ich habe gelernt, dass es für wahre *Gerechtigkeit* vieler Menschen bedarf und dass die Welt zu verbessern ein freudiger, sich gegenseitig befruchtender Prozess sein kann.

MEINE BOTSCHAFT AN DICH

Ich bringe Dir Liebe zum *Realismus* und zum gesunden Menschenverstand. Ich möchte, dass Du mit Deinen Idealen und Visionen in Kontakt bleibst, ohne darüber die praktischen Aspekte des kreativen Prozesses aus den Augen zu verlieren. Genau wie ein Same eine schützende Hülle braucht und ein Fluss sein Flussbett, so muss auch Du die Strukturen verstehen, die in der Welt herrschen, damit Du sie zum Leben erwecken kannst. Sieh diese Strukturen nicht als erdrückend oder als immerwährende *Einschränkungen* an, sondern vielmehr als Hilfsmittel, die hervorragend geeignet sind, um Dich dorthin zu bringen, wohin Du gehen musst, und nicht weiter. Denk daran, das Herz Deiner Träume in Dir zu tragen und alle Systeme, Religionen und Meinungen leicht zu nehmen.

Freunde Dich mit der Ungewissheit an, denke außerhalb der bekannten Schemata und verwende Sprache auf spielerische Weise. Wenn sich eine Weile nichts zu bewegen scheint, heißt dies nicht, dass nichts passiert. Alles, was wahren Wert hat, lebt in Dir. Sei also die Augen, die Ohren und der Geist des Universums, und schon bald wirst Du Magie bewirken.

FRAGEN ZUR KONTEMPLATION

- Neigst Du dazu, vor Strukturen und Verpflichtungen wegzulaufen?
- Hast Du Probleme gehabt, wahre Verbündete zu finden?
- Bist Du selten an etwas Bleibendem beteiligt?
- Hältst Du stark an Deiner eigenen Art zu denken und zu handeln fest?
- Wärst Du ohne Strukturen in Deinem Leben verloren?
- Wenn Du das Gefühl hast, zu begrenzt zu sein: Such Dir eine Struktur aus, an der Du starr festhältst und finde eine Möglichkeit, in dieser Woche etwas lockerer damit umzugehen.
- Wenn Du eher *unstrukturiert* bist: Such Dir einen Bereich aus, in dem Du Probleme hast, diszipliniert zu sein und experimentiere damit, die Dinge durchzuziehen.
- Denke über Deine positivsten Erfahrungen von *Realität* und *Gerechtigkeit* nach.

Kreativität ist die wichtigste Gabe, um die Menschheit von ihrer Massenpsychose zu befreien.

Gabe: Inspiration
Schatten: Psychose
Siddhi: Unantastbarkeit
Programmierungspartner: 62

~ Richard Rudd

MEINE WEISHEITSGESCHICHTE

Schon von Kindheit an beschäftigte mich die Frage nach dem „Warum?". Warum waren Jungen wertvoller als Mädchen? Warum gab es Kriege? Warum ließ Gott so etwas zu? Zu der Zeit, als ich mir diese Fragen zu stellen begann, waren solche Themen in meinem Land tabu. Ich lernte zwar mich zurückzunehmen, aber meine Faszination für das Thema Religion begleitete mich weiterhin. Gegen den Willen meiner *ernüchterten* Eltern und der *fanatischen* atheistischen Partei, die mein Land regierte, sammelte ich jede nur mögliche Information, die ich von meinen älteren Verwandten ergattern konnte, über Konfuzianismus, Taoismus und Buddhismus.

Nachdem eine neue Verfassung verabschiedet wurde, unter der „gemäßigte religiöse Aktivitäten" wieder erlaubt waren, begann ich mich sofort mit dem Islam und dem Christentum zu beschäftigen. Als ich in den Westen zog und nun endlich frei war alles zu erforschen, was mich interessierte, versenkte ich mich ins Studium der Religionen, speziell solcher, die die Regierung meines Landes verboten hatte.

Je mehr ich lernte, umso komplexer wurde das Bild. Ich musste wissen, wo diese Religionen, Mythen und Archetypen ursprünglich einmal herkamen. Warum gab es so viele Parallelen zwischen den Weltreligionen, für die niemand eine Erklärung hatte? Warum reichten sie Tausende von Jahren zurück? Und woher stammten viele beeindruckende sakrale Bauten wirklich und wer hatte sie erbaut? Ich wandte mich der Archäologie zu und verschwand in einem Wurmloch, das alles in Frage stellte, was ich bislang für Realität gehalten hatte.

Meine Reise führte mich von der Bibel zu den Ägyptern, und anschließend zu den Sumerern, nach Lemuria, Atlantis und noch weiter. Ich entdeckte so viele Löcher in den wissenschaftlichen Theorien, dass ich begann, die fantastischsten Erklärungen in Betracht zu ziehen – von Urzeitastronauten über Sternentore bis hin zu Regenbogenkörpern, Zeitreisen, unbekannten Dimensionen, Supernovae, Orbs, Riesen und Feen. Wie besessen studierte ich alles, was ich über Reinkarnation, paranormale Aktivitäten, UFOs, Kornkreise und Nahtoderfahrungen finden konnte. Jede neue Antwort führte zu einer neuen Frage. Die Menschen um mich herum hielten mich für verrückt – die einen, weil ich an bestimmte Dinge glaubte, die anderen, weil ich mich ihrem Glauben nicht anschließen konnte.

Der Drang, die Natur der Realität zu verstehen, wurde nahezu unerträglich. Als ich endlich den Versuch aufgab, dem Druck zu entkommen und mich ihm einfach stellte, setzte mein Verstand aus. In diesem Moment glaubte ich verrückt zu werden. Schon bald jedoch fiel mir auf, dass die meisten Menschen auf der Erde im Grunde genommen *psychotisch* sind. Keiner von uns sieht die Realität so, wie sie wirklich ist. In diesem Moment hörte ich auf nach dem „Warum?" zu fragen. Mein Lohn war wahre *Inspiration*, die mich auf unglaubliche Weise zu durchströmen begann. Heute muss ich die Realität nicht mehr verstehen, ich muss sie nur noch direkt erfahren.

MEINE BOTSCHAFT AN DICH

Ich komme, um Dir zu sagen, dass man *Inspiration* weder erzwingen noch vorhersagen kann. Die Muse küsst uns zu ihren eigenen Bedingungen und zu dem Zeitpunkt, den sie für richtig hält. Häufig macht sie sich zunächst als Druck bemerkbar. Sie lockt uns ins Unbekannte, in unser Inneres und zurück zu unserem

Ursprung. Das ist nicht immer spaßig. Manchmal kommt sie, um Deine gesamte Art des Denkens zu demontieren und Dein Bild der Wirklichkeit und Deine Fähigkeit zu lieben komplett umzukrempeln. Wenn Du sie in Deinem Leben willkommen heißen willst, musst Du enorm viel Geduld und Vertrauen aufbringen. Sei willens, Dich für Deine inneren Geheimnisse, Wahrheiten und die Mysterien der Welt um Dich herum zu öffnen. Selbst wenn Du sie nicht spüren kannst, sei gewiss, dass sie hinter den Kulissen am Werk ist. Suche nicht außerhalb von Dir selbst nach dem Geist und der Seele von allem, SEI es.

FRAGEN ZUR KONTEMPLATION

- Verbirgt sich hinter Deiner Überzeugung, dass eine bestimmte Philosophie, ein System oder ein Weg richtig ist vielleicht eine tiefere Angst vor dem Unbekannten?

- Fällt es Dir schwer Dich zu entspannen, wenn Du die Antwort auf eine große „Warum?"-Frage nicht kennst? Versuche eine Zeit lang Dir keine Mühe zu geben, sie zu verstehen.

- Hast Du aufgegeben herauszufinden, wer Du wirklich bist und woher Du stammst? Hast Du Angst, zu tief zu gehen? Such Dir eine für Dich ungewöhnliche Frage aus und fang an zu graben.

- Hast Du schon einmal einen körperlichen, emotionalen, mentalen oder spirituellen Zusammenbruch erlebt, der zu einem *inspirierenden* Durchbruch wurde?

*Intelligenz kommt aus dem Herzen,
Intellekt aus dem Verstand.*

Gabe: Präzision
Schatten: Verstand
Siddhi: Makellosigkeit
Programmierungspartner: 61

~ Richard Rudd

MEINE WEISHEITSGESCHICHTE

Ich war ein lebhaftes Kind. Ständig schlug ich Rad und tanzte mit dem Wind. Doch in der Schule lernte ich stillzusitzen, Fakten zu lernen und meinen *Verstand* zu beweisen, indem ich gut bei Tests abschnitt und schlüssige Aufsätze schrieb. Ich war schlau und mein *Verstand* füllte sich schnell mit Wissen. Die Menschen um mich herum gingen davon aus, dass aus mir jemand Bedeutendes würde, also erfüllte ich ihre Erwartungen.

Ich studierte Medizin und lernte alles Wissenswerte über den menschlichen Körper und alle bekannten Symptome, Krankheiten und Medikamente. Schon bald arbeitete ich lange Schichten in einem renommierten Krankenhaus. Wenn ich bei Patienten war, suchte ich nach Problemen, machte mir umfangreiche Notizen und verglich ihre Symptome mit der Liste möglicher Leiden, die ich verinnerlicht hatte. Nur selten sah ich meinen Patienten in die Augen, hörte ihnen wirklich zu oder schätzte ihr Wissen. Ich reagierte *pedantisch* auf alle, die alternative Heilmethoden oder die Macht des Gebets erwähnten. Mein Verhalten war zwanghaft und ich war ständig bemüht, weder dem Leid meiner Patienten noch meinem eigenen ins Auge zu blicken.

All dies änderte sich erst, als eine ungewöhnliche Patientin in mein Leben trat. Trotz ihrer eigenen Krankheit und ihres Leids erkannte sie, dass sich hinter dem Stress, dem ich mich ständig ausgesetzt fühlte, eine tiefe Einsamkeit verbarg. Mitten im Gespräch fragte sie mich plötzlich, wie es mir gehe. War ich glücklich? Konnte sie etwas für mich tun?

Aus irgendeinem Grund konnte ich mich ihr öffnen und erzählte ihr von meiner Migräne und dem Gefühl, in einem Meer an Details und Verantwortlichkeiten zu versinken. Am Ende unseres Gesprächs hielt sie meine Hände und empfahl mir mit sanfter Güte, einen Yoga-Kurs zu machen. Sie kenne da eine Lehrerin, die mir womöglich guttun würde. Und ich hörte tatsächlich genauer hin.

Ich werde nie vergessen, wie unbeholfen ich mich zu Beginn des Kurses fühlte und wie mein Körper und mein Verstand bei jeder neuen Übung durch das Strecken, Atmen und Entspannen weich wie Butter wurden. Die Lehrerin bewegte sich mit solcher Leichtigkeit, Anmut und *Makellosigkeit*. Anstatt zu sprechen, legte sie ganz leicht ihre Hand auf meinen unteren Rücken, und schon begannen meine Tränen zu fließen. Wie sehr hatte ich das Mädchen vermisst, das Rad schlug und das nichts weiter über den menschlichen Körper wusste, als in ihm zu leben und ihn zu genießen.

Heute integriere ich Yoga, Bewegung und Meditation in alles, was ich tue. Selbst in der größten Hektik bleibt mein Verstand wunderbar ruhig. Ich höre heute zu, wenn ich mit Patienten spreche und bin erstaunt, wie sehr ihre Körper wissen, was sie brauchen. Mein Körper und mein Geist sind nun im Einklang.

MEINE BOTSCHAFT AN DICH

Ich möchte, dass Du den Unterschied zwischen *Verstand* und wahrer Intelligenz erkennst. Der *Verstand* ist die Fähigkeit zu denken, Fakten zu sammeln und Wissen mithilfe von Sprache zu handhaben. Er ist wunderbar, aber er ist auch begrenzt. Je intellektueller Du bist, umso weniger wahre Intelligenz setzt Du ein. Schaue das nächste Mal, wenn Du Dich umblickst, mit dem ganzen Herzen. Nimm die Essenz unserer geheimnisvollen Welt tief in Deine Seele auf und Du wirst einen Vorgeschmack auf wahre Intelligenz bekommen. Mit dieser Sichtweise wird es für Dich immer unwichtiger werden, ob Du Dich möglicherweise blamierst. Stattdessen wirst Du es darauf anlegen, mit Liebe zu sprechen, zu schreiben und Neues in die Welt zu bringen. Mit der Sprache der Einfachheit wirst Du zur Verkörperung von *Präzision* und kannst die Welt verändern.

FRAGEN ZUR KONTEMPLATION

- Fühlst Du Dich in den Details des Lebens gefangen, ohne die Möglichkeit einer kreativen Öffnung?
- Fällt es Dir schwer Deinen Verstand abzuschalten? Ist er ständig aktiv?
- Kreist Dein Verstand häufig um die Fehler im Denken anderer Menschen?
- Mache einen „Herz"-Spaziergang. Anstatt in die Welt hinauszublicken und die Fakten zu konstatieren, versuche die Seele des Ganzen zu spüren. Hör den Bäumen zu. Fühl Dich in die Menschen ein. Achte darauf, wie diese Erfahrung sich auf die Art Deines Fühlens und Kommunizierens auswirkt. Sei offen für Überraschungen, wenn Du Dich mit Deiner wahren Intelligenz verbindest.

*Der logische menschliche Verstand ist einfach
nicht darauf ausgelegt, sich in Bezug auf irgendetwas
sicher zu sein, es sei denn es handelt sich um ein Paradoxon.*

Gabe: Erkundung
Schatten: Zweifel
Siddhi: Wahrheit
Programmierungspartner: 64

~ Richard Rudd

MEINE WEISHEITSGESCHICHTE

Als Kind stellte ich meinen Eltern Fragen und sie antworteten mir mit Logik und Gewissheit. Regenbogen waren meteorologische Phänomene und Einhörner eine physische Unmöglichkeit. Dennoch gab es so viele Dinge, über die ich mir Gedanken machte. Je häufiger meine Familie sich über meine „lächerlichen" Fragen lustig machte, umso dümmer kam ich mir vor.

Als junger Mann ließ ich jeden Gedanken, jede Fantasie und jede Meinung, die mir in den Sinn kamen, durch einen kritischen inneren Filter laufen. Ich stellte ständig in Frage wer ich war, was ich dachte, was ich tat, wie ich mich fühlte. Und ich hinterfragte jede Entscheidung, die ich traf, was entweder zu lähmendem Stillstand führte oder zu impulsiven Entscheidungen, die ich später bereute. Ich konnte mich erst entspannen, wenn ich den Dingen auf den Grund gegangen war, das Muster erkannt hatte oder auf eine objektive Wahrheit gestoßen war, die ich natürlich nie fand, was meine Angst und Unruhe nur noch mehr steigerte.

Also eignete ich mir immer mehr Wissen an und behielt meine *Selbstzweifel* für mich. Auch wenn ich im Allgemeinen freundlich und vernünftig auf andere wirkte, waren meine intimen Beziehungen von Wut und Feindseligkeit geprägt. Meine Partnerin äußerte ein Gefühl und ich war so damit beschäftigt herauszufinden, ob dies objektiv wahr war, dass ich gar nicht begriff, worum es eigentlich ging. All dies machte mich immer misstrauischer. Ich rechnete ständig damit, dass man mir widersprach, meine Aussagen in Zweifel zog oder mich missverstand. Ich verwickelte andere in

Streitgespräche, fühlte mich häufig in die Defensive gedrängt und sammelte Beweise, speziell wenn mein Gegenüber die Komplexität der Situation nicht verstand. Auch wenn ich versuchte mich an dem Gedanken festzuklammern, dass jemand Recht hatte und ein anderer Unrecht, war es in Wirklichkeit nie so einfach und eindeutig.

Als meine *Selbstzweifel* so groß wurden, dass ich nicht mehr schlafen und ein normales Leben führen konnte, suchte ich mir professionelle Hilfe. Zum ersten Mal in meinem Leben konnte ich offen über all die Zweifel sprechen, die mich plagten. Zuerst bezweifelte ich, dass die Beraterin mir helfen konnte, aber sie ließ sich davon nicht beirren und ermutigte mich, nicht auf Grundlage meiner Zweifel zu handeln, vor allem wenn sie besonders intensiv waren.

Im Laufe der Zeit lernte ich dank ihr die einzigartige Gabe meines Verstandes zu schätzen, Dinge zu erkunden und die paradoxe Natur des Lebens anzunehmen. Mit ihrer Hilfe entwickelte ich eine Achtsamkeitstechnik. Je mehr mein Verstand zum liebevollen Beobachter wurde, umso bewusster nahm ich wahr, wie viele Menschen unter Selbstzweifeln litten und dass mein Streben nach Verstehen einfach etwas war, dass zum Menschsein dazugehört. Mittlerweile helfe ich anderen dabei, verschiedene Bewusstseinszustände zu erleben und das Geheimnis ihrer wahren Natur zu erforschen.

MEINE BOTSCHAFT AN DICH

Ich komme, um Deine Liebe zur *Erkundung* zu feiern. Ich will Dich aber auch daran erinnern, dass Dein forschender Verstand und Deine Gabe des Zweifelns am besten eingesetzt werden sollten, um der Welt zu dienen und nicht um Dich selbst zu quälen. Versuche Dir die Neugier auf das Leben zu erhalten, ohne das Gefühl zu haben, Du müsstest auf alles Antworten finden. Bleibe offen für Lernerfahrungen, auch wenn Dein Verständnis des Lebens komplexer wird und Dir seine Paradoxität zunehmend bewusst wird. Bleibe neugierig in Bezug auf Dein eigenes Leiden, denn es wird Dein mitfühlendes Herz öffnen. Eines Tages wird Dein brillanter Verstand Dich zurück zu Dir selbst führen. Wie sollte es auch anders sein? Du bist für immer mit allem verbunden, was Du jemals gelernt und erfahren hast.

FRAGEN ZUR KONTEMPLATION

- Quälen Dich *Selbstzweifel*? Lösen Deine *Selbstzweifel* Angst aus? Kannst Du deshalb oft nachts nicht gut schlafen?

- Hegst Du öfter *Misstrauen* gegenüber den Menschen in Deinem Leben? Fragst Du Dich, welche Motive und Hintergedanken sie verfolgen? Führt dies dazu, dass andere Dir gegenüber in die Defensive gehen?

- Auf welche Weise könnte Deine Gabe der *Erkundung* der Welt dienen? Wo hat sie sich bereits als nützlich erwiesen?

- Was bedeutet Wahrheit für Dich? Wie hat sich Dein Verhältnis zur Wahrheit über die Jahre hinweg verändert?

- Versuche einmal einen Tag lang, Deine *Selbstzweifel* anzuzweifeln. Beobachte was passiert und notiere Dir Deine Gedanken.

Wenn Du zulässt, dass Dein Schmerz oder der Schmerz der Welt künstlerisch ausgedrückt wird, dann ist das wahre Alchemie.

Gabe: Vorstellungskraft
Schatten: Verwirrung
Siddhi: Erleuchtung
Programmierungspartner: 63

~ Richard Rudd

MEINE WEISHEITSGESCHICHTE

Meine Großeltern erlebten während des Krieges unsägliches Leid. Zwar gelang es ihnen mit meinen Eltern zu fliehen, bevor der Rest ihrer Familie brutal getötet wurde, aber sie sprachen nie über das, was passiert war. Und auch meine Eltern verdrängten diesen Teil ihrer Vergangenheit. Anstatt zurückzublicken setzten sie alles daran, ihren Kindern ein sicheres Leben zu bieten, frei von Verfolgung. Das Leid unserer Familie wurde unter den Teppich gekehrt und wir versuchten uns so gut wie möglich an unser neues Leben anzupassen.

Als junges Mädchen wollte ich meinen Eltern gefallen und tat mein Bestes, das Verhalten der anderen zu *imitieren* und keine Fragen zur Vergangenheit meiner Familie zu stellen. Aber ich fühlte mich verloren, so als wäre irgendetwas nicht ganz richtig. Nach außen hin gab meine Familie ein perfektes Bild ab, doch zuhause fühlte es sich so an, als gäbe es lauter versteckte Fallgruben und Hindernisse. Ich war häufig *verwirrt* und verunsichert und glaubte, einfach zu sensibel, emotional und merkwürdig zu sein.

Als der Schmerz nichts über die Ursprünge meiner Familie zu wissen einfach zu groß wurde, fasste ich den Entschluss, das Rätsel zu lösen. Ich fand heimlich alles über das Land heraus, aus dem meine Großeltern kamen, und ebenso über die tragische Geschichte meiner Familie im Krieg. Plötzlich ergab alles einen Sinn – der Drang sich um jeden Preis anzupassen und das sture Ignorieren der Vergangenheit. Zuerst legte sich meine *Verwirrung* und ich empfand mehr Mitgefühl mit meinen Eltern. Als sie sich aber immer noch weigerten, über alles zu reden, kehrte sich mein Verständnis in Wut um, weil sie sich ihrem Schmerz nicht stellten und über nichts redeten, was wirklich wichtig war. Ich war es leid, mich durch ihre Art der Verdrängung unterdrücken zu lassen.

Eines Tages hielt ich es nicht mehr aus und warf meinen Eltern Feigheit vor. Ich konfrontierte sie mit grausamen Bildern aus der Vergangenheit. Mitten in meinem Wutausbruch fasste mein Vater sich plötzlich an die Brust. Obwohl er den Herzanfall überlebte, war ich am Boden zerstört und konnte mir selbst nicht vergeben. Voller Schuldgefühle suchte ich mir Hilfe und fand einen Berater, der auf das Heilen alter Wunden spezialisiert war. Mit seiner Hilfe wurde mir bewusst, dass meine ständigen Versuche die *Verwirrung* zu beenden nur dazu dienten, meinen eigenen Schmerz zu verdrängen. Ich tat also nichts anderes als meine Familie auch. Also schaltete ich meinen Verstand aus und ließ mein Herz das ganze Leid meines Volkes spüren.

Das war der Moment, in dem das Wunder seinen Anfang nahm und meine Vorstellungskraft befreit wurde. Heute ist mein Leben ein Kunstwerk und alles, was ich tue, ist von der Art Licht erfüllt, das nur durch die Dunkelheit zu uns finden kann.

MEINE BOTSCHAFT AN DICH

Ich komme, um die *Vorstellungskraft* in Dir zu befreien. Zuerst jedoch musst Du Deinen Schmerz und Deine *Verwirrung* bewusst annehmen und segnen. Wenn *Verwirrung* herrscht, braucht man nichts zu tun, muss man nirgendwohin gehen und gibt es nichts, was man herausfinden müsste. *Verwirrung* ist ein ganz natürlicher menschlicher Zustand. Im Grunde genommen ist sie sogar heiliger Grund. Also spüre sie und heiße sie willkommen. Versuche nicht sie zu verändern, zu deuten oder loszuwerden. Sobald Dir bewusst wird, dass Du nicht Deine *Verwirrung* BIST, wird sich Deine *Vorstellungskraft* wie Phönix aus der Asche erheben, so dass Du Deinem Schmerz und Deinen inneren Dämonen durch einen erfüllenden kreativen Prozess Ausdruck verleihen kannst. Ganz gleich, ob Du dazu einen Pinsel oder einen Stift verwendest – sei ehrlich, mutig, unlogisch und wild. Gehe dorthin, wo zuvor noch niemand anders gewesen ist.

FRAGEN ZUR KONTEMPLATION

- Auf welche Weise vermeidest Du es, Schmerz und *Verwirrung* zu spüren? Indem Du Dich anpasst? Zu viel denkst? Dich ablenkst? Wütend wirst?
- Wo hältst Du noch mit Deinem Anderssein hinter dem Berg?
- Auf welche Weise fördern Deine jetzigen Beziehungen, dass Du Dich nicht so zeigst wie Du bist?
- Denk zurück an eine Zeit, in der Du Deiner *Vorstellungskraft* freien Raum gelassen hast.
- Was verursacht gerade im Moment am meisten Schmerz oder Verwirrung? Finde einen Weg, Deinen Schmerz, Deine Angst oder Deine *Verwirrung* kreativ zu äußern. Es muss keine große Kunst werden. Es sollte vor allem ehrlich sein.

DIE SPIEGEL-KARTE!

Sei Du selbst, kein blasses Abziehbild von anderen, sondern Dein bestes Selbst. Es gibt etwas, das Du besser kannst als jeder andere. Höre auf Deine innere Stimme und gehorche ihr mutig.

~ Ralph Waldo Emerson

DEINE BOTSCHAFT AN DICH

Wie wundervoll, dass Du diese Karte gezogen hast! Nun kannst Du in Dein eigenes wunderschönes und einzigartiges Gesicht blicken und ein wunderbares Geschenk von Dir selbst erhalten. Nachfolgend findest Du einige Fragen. Öffne Dich für die Möglichkeit, dass Du jedes Mal, wenn Du die Karte ziehst oder sie zu Dir kommt, andere Antworten auf diese Fragen findest. Warum sollte es auch nicht so sein? Du bist ein ständig im Wandel begriffenes Mysterium, ein *Weisheitshüter* / eine *Weisheitshüterin* im Werden! Genieße Deine eigene Gesellschaft.

Und vergiss nie, dass Du ein Geschenk für Dich selbst und diese Welt bist.

FRAGEN ZUR KONTEMPLATION

- Was ist in diesem Moment in Deinem Leben Deine größte *Gabe*?
- Was ist derzeit Deine größte Angst? Inwieweit beeinflusst sie Dein Denken, Fühlen und Handeln?
- Inwieweit hält Deine Angst Dich davon ab, Deine *Gabe* zu erforschen, anzunehmen und auszudrücken?
- Denk zurück an eine Zeit in Deinem Leben, in der Du voller Lebensfreude und Spirit warst. Frei von Deinem „begrenzten Selbst". Wo warst Du? Mit wem warst Du zusammen? Wie kannst Du Dir dieses Gefühl heute zurückholen?
- Blicke in den Spiegel. Schau Dir selbst lange in die Augen. Beobachte die Gedanken, die sich zeigen.

Fällt Dein Verstand Urteile? Ist er ständig abgelenkt?
Stellt er Fragen? Zeigen sich starke Gefühle?
Lass sie wenn möglich zu.
Fühlst Du nichts? Lass auch das zu.
Was immer Du beobachtest, was immer passiert,
nimm es einfach an.

Lass zu, dass es in Ordnung ist… und Du in Ordnung bist.

DEINE WEISHEITSGESCHICHTE

Erzähle in Deinem Notizbuch Deine eigene Geschichte. Sie muss nicht festgeschrieben sein – Du kannst sie immer wieder erweitern und ergänzen. Beschreibe Kämpfe, die Du ausgefochten hast, ebenso wie wichtige Beziehungen und Wendepunkte. Nimm Momente mit hinein, in denen die Angst gewonnen hat und diejenigen, in denen die Liebe gewonnen hat. Wo befindest Du Dich gerade in Deiner Geschichte? Am Anfang, in der Mitte oder bewegst Du Dich auf das Ende zu? Stehst Du an einem Scheideweg? Oder einem Wendepunkt? Was hat in Deiner Geschichte gerade die Oberhand? Angst oder Liebe? Zweifel oder Vertrauen? Gibt es eine einfache Sache, die Du jetzt tun oder einfach nur annehmen kannst, die die Geschichte womöglich komplett verändern könnte?

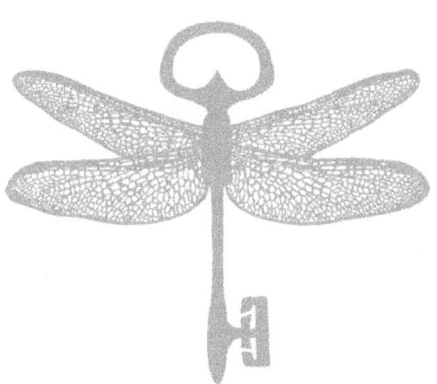

DU BIST DAS GESCHENK!

KARTENLEGESYSTEME UND DEUTUNGSVORSCHLÄGE

Du kannst auf vielerlei Weise mit den *Weisheitshütern* arbeiten. Nutze die hier beschriebenen Legesysteme, erfinde Deine eigenen oder arbeite einfach intuitiv mit den Karten. Viel Spaß!

Ein paar einfache Ratschläge:

Fokussiere Dich, wann immer Du die Karten mischst oder eine Karte ziehst, auf eine Frage oder Intention in Deinem Herzen. Bitte darum, dass sich der richtige *Weisheitshüter* zeigt und dass er oder sie Deinem höchsten Besten dient. Ziehe Karten möglichst mit Deiner nicht dominanten Hand, um die intuitive Weisheit Deines inneren Kindes zu nutzen und den Verstand auszuschalten.

Mach Dir bewusst, dass Du nichts falsch machen kannst und es unmöglich ist, den falschen *Weisheitshüter* zu ziehen. Vertraue der Kraft der Synchronizität und lasse Dich wahrhaftig und kreativ auf den Prozess der Kontemplation ein.

Formuliere klare und offene Fragen, keine Ja-/Nein-Fragen. Achte darauf, dass Deine Fragen praktischer Natur sind und sich auf das Hier und Jetzt beziehen.

(Dieses Kartendeck ist nicht dafür gedacht, Voraussagen über die Zukunft zu machen.)

1. Legung zum Aufbau einer bewussten Beziehung zu einem Weisheitshüter

Es kann Zeiten im Leben geben, in denen Du den starken Wunsch oder das Bedürfnis hast, einen bestimmten *Weisheitshüter* an Deiner Seite zu haben. Oder Du möchtest eine Karte für ein bedeutsames Ereignis oder einen Lebensabschnitt ziehen. Vielleicht magst Du an jedem Geburtstag einen *Weisheitshüter* ziehen, oder bei jedem Vollmond oder an besonderen Gedenktagen. Spüre einfach nach, was sich für Dich richtig anfühlt. Wichtig ist, dass Du alle *Weisheitshüter* betrachtest und eine bewusste Entscheidung triffst. Lass Dich vom Ergebnis überraschen!

Fragen, die bei der Auswahl eines *Weisheitshüters* für einen speziellen Anlass oder Zeitraum hilfreich sein können:

Wer ist Dein *Weisheitshüter*?
Wer inspiriert Dich?
Wer glaubt an Dich?
Wer vertraut Dir?
Wer versteht Dich?
Wer blickt geradewegs in Deine Seele?
Wer erinnert Dich an etwas Wichtiges?
Wem würdest Du bedenkenlos vertrauen?
Wessen Gegenwart stellt für Dich in diesem Moment eine Unterstützung dar?
Wer erkennt Deine einzigartigen *Gaben*?

2. *Weisheitshüter*-Tonglen

Tonglen ist eine Form der Meditation, die den Atem nutzt, um Emotionen zu erwecken, das Herz zu öffnen und die Angst vor Leid (sowohl eigenem als auch fremdem) zu überwinden. Dabei nehmen wir beim Einatmen das Leid oder die Angst von anderen in uns auf, sei es das einer bestimmten Person oder auch das der Welt. Beim Ausatmen senden wir Liebe, Entspannung und Frieden zum anderen, oder was auch immer wir zur Aufhebung des Leids als richtig empfinden.

Es kann eine bewegende Erfahrung sein, Tonglen zusammen mit Deinem *Weisheitshüter* zu praktizieren. Blicke ihm oder ihr in die Augen oder ins Gesicht. Stell Dir vor, dass ihr beide gleichzeitig Tonglen füreinander praktiziert. Jeder atmet den Schmerz des anderen ein und atmet liebevolle Güte aus. Führe diese Übung 3 bis 5 Minuten lang aus und spüre nach, wie Du Dich anschließend fühlst.

3. Tageskarte für Führung und Kontemplation

Jeden Tag einen Weisheitshüter auszuwählen, kann ein guter Weg sein, um Deine Energie zu fokussieren und Unterstützung zu erfahren.

Mische die Karten wie immer es sich gut für Dich anfühlt. Verteile sie dann mit dem Bild nach unten. Fokussiere Dich in Deinem Herzen auf die Intention, dass der Weisheitshüter, den Du jetzt am meisten brauchst, sich zeigen möge. Wenn Du eine Frage stellen möchtest, kannst Du auch das tun. Wähle dann die Karte, zu der Du Dich intuitiv hingezogen fühlst.

4. Lebensblumelegung (BLOSSOM)

Stell Dir Dein Leben vor wie eine Blume mit vielen Blütenblättern. Diese Blume ist ganzheitlich, sodass die Gesundheit jedes einzelnen Blütenblatts direkte Auswirkungen auf die Gesundheit des Ganzen hat. Die *Weisheitshüter* sollen Deiner Lebensblume zum Erblühen verhelfen, indem sie Weisheit in die wichtigsten Bereiche Deines Lebens bringen.

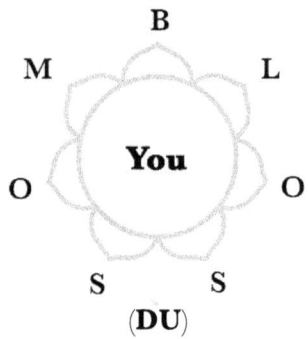

Wähle einen *Weisheitshüter* für jedes der folgenden Blütenblätter:

B (zur Unterstützung Deines Körpers)

L (steht für die Liebe von Familie, Freunden und Gemeinschaft)

O (zur Beleuchtung Deiner Beziehung zu einem Partner)

S (zur Unterstützung Deiner Spiritualität)

S (zur Unterstützung Deines Erfolgs)

O (zur Beleuchtung der Alltagsaspekte des Lebens)

M (zur Unterstützung Deiner tieferen Vision)

DU (zur Beleuchtung des Punkts, an dem Du Dich gerade befindest und der Unterstützung, die Du jetzt am meisten benötigst)

(Du kannst die Blütenblätter auch mit beliebigen anderen Bedeutungen belegen.)

5. Beziehungslegung

Diese Legung kann Dir helfen, eine Beziehung in Deinem Inneren oder im Außen besser zu verstehen oder zu verstärken. Achte unabhängig davon, ob Du eine Freundschaft, eine Liebesbeziehung, eine Arbeitspartnerschaft oder die Beziehung zu Deinem inneren Kind untersuchen möchtest vor allem darauf, beim Ziehen jeder Karte in Verbindung mit Deinem Herz zu gehen, auch wenn die Beziehung sich vielleicht gerade schwierig anfühlt. Du kannst auch vor dem Legen der Karten eine Frage stellen.

Ziehe drei *Weisheitshüter*, die für folgendes stehen:

Du (die *Gabe* und der *Schatten*, den Du derzeit in die Beziehung einbringst)

Der Andere (die *Gabe* und der *Schatten*, den der andere derzeit in die Beziehung einbringt)

Eure gemeinsame Reise (was Ihr beide durch die Beziehung lernen sollt und die Unterstützung, die Eure Beziehung am meisten benötigt)

6. Familien- oder Gruppenlegung

Mit dieser Legung kannst Du das Heilungs-/Lernpotenzial einer Gruppe erkunden, von der Du ein Teil bist, sei es Deine Familie, ein Team bei der Arbeit, eine Unterstützergruppe oder eine spirituelle Gemeinschaft. Achte darauf, dass Du Dich auf jede Person in der Gruppe einzeln fokussierst, wenn Du die jeweilige Karte ziehst. Halte eine liebevolle Intention, damit die *Weisheitshüter* Licht in die tiefere Aufgabe der Gruppe bringen können. Außerdem zeigen sie die *Gaben* und *Schatten*, die jedes Mitglied mitbringt.

Ziehe eine Karte für jedes Gruppenmitglied, einschließlich Deiner selbst.

Lege die Weisheitshüter in einem Kreis aus und wähle dann eine Karte, die in die Mitte kommt und für die tiefere Aufgabe und das Potenzial der gesamten Gruppe steht.

7. Stammbaumlegung

Eine Stammbaumlegung kann Dir ein tieferes Verständnis der Herkunft Deiner *Gaben*, *Schatten* und Kernverletzungen vermitteln. Wenn Du das Kartenbild untersuchst, kann dies Heilung in Dein eigenes Leben und das Deiner Ahnen bringen.

Beginne, indem Du eine Karte für Dich selbst wählst, und lege dann einen Stammbaum aus *Weisheitshütern*.

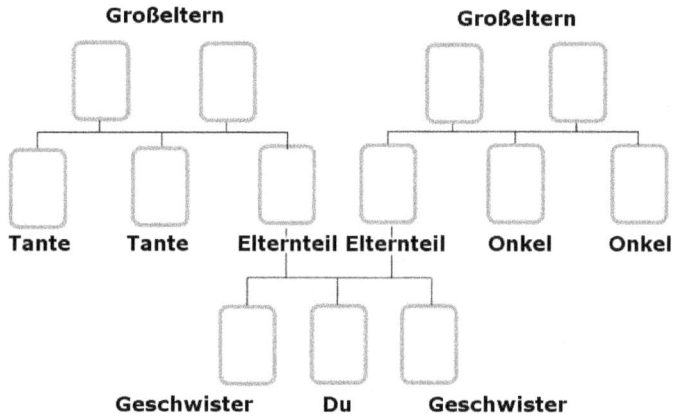

Die Karten stehen für die *Gaben-* und *Schatten*themen, die die ausgewählten Verwandten (wie beispielsweise Kinder, Geschwister, Eltern, Großeltern usw.) in die Familie einbringen. Fokussiere Dich in Deinem Herzen auf jedes Familienmitglied, bevor Du die entsprechende Karte ziehst. Eine ehrliche und in die Tiefe gehende Auswertung dieser Legung kann Zeit und Raum in Anspruch nehmen. Die *Weisheitshüter* können selbst Verwandte, die Du gut kennst, in einem neuen Licht erscheinen lassen, Familiengeheimnisse ans Licht bringen und Deine eigenen Kämpfe und Stärken neu beleuchten.

8. Kreative Traumlegung

Denke an einen Traum, den Du in Deinem Herzen trägst (zum Beispiel ein Projekt zu beginnen oder abzuschließen, die Liebe Deines Lebens zu finden, einer kreativen Leidenschaft zu folgen, gesünder zu leben, eine Angst zu überwinden oder die Welt zu bereisen).

Verbinde Dich tief mit Deinem Wunsch, bevor Du drei *Weisheitshüter* wählst, die Dir Hinweise zu folgendem geben:

- **Dein Traum**
- Ein **Hindernis** auf dem Weg zur Erfüllung Deines Traums
- Ein **zentraler Aspekt** für die Erfüllung Deines Traums

9. Legung für eine bestimmte Herausforderung

Diese Legung soll Dir helfen, Dich mit einer bestimmten Herausforderung in Deinem Leben auseinanderzusetzen. **Verbinde Dich tief mit der Herausforderung, bevor Du vier *Weisheitshüter* wählst, die Dir Hinweise zu folgendem geben:**

- Die **Herausforderung,** vor der Du jetzt gerade stehst (in Bezug auf Beziehung, Gesundheit, Finanzen, Arbeit, Kreativität)
- Das **gewünschte Ergebnis**
- Der **Schatten**, der beachtet werden sollte
- Die **Gabe**, die Dir helfen wird

10. Integritätslegung

Wähle vier *Weisheitshüter*, die Dir helfen die Qualitäten zu entwickeln, die für Integrität unverzichtbar sind.

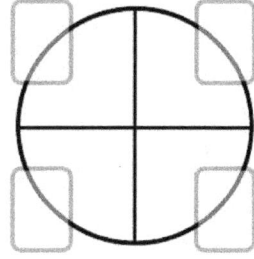

- Einen für **liebevolle Güte**
- Einen für **Selbstachtung**
- Einen für **mutiges Selbstvertrauen**
- Einen für **ehrfürchtige Hingabe**

11. 9-zentrige Chakra-Legung

Wähle neun *Weisheitshüter*, die Unterstützung und Erkenntnisse für jedes der neun Energiezentren des Körpers bringen.

(Inspiriert durch Integral Human Design)

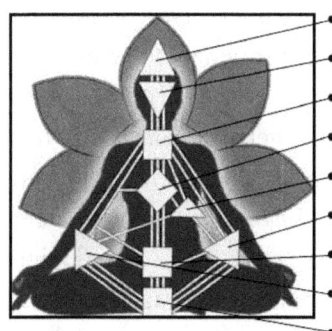

- **Kopf** (Inspiration, Wissen)
- **Ajna** (Verstand, Denken)
- **Kehle** (Ausdruck, Transformation)
- **G-Zentrum** (Selbst, Sein, Liebe)
- **Ego** (Willenskraft, Arbeit)
- **Solarplexus** (Emotion, Verlangen)
- **Sakral** (Energie, Fluss)
- **Milz** (Intuition, Spüren)
- **Wurzel** (Impulse, Wachstum)

ERKUNDEN DEINES EINZIGARTIGEN DESIGNS MITHILFE DER GENSCHLÜSSEL

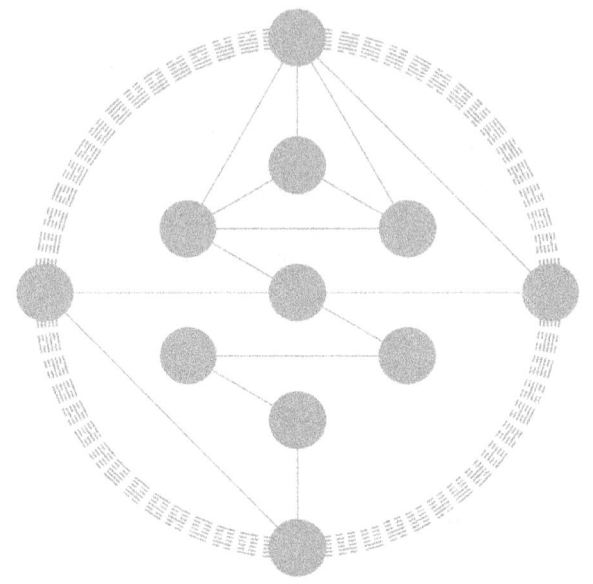

Es gibt zahlreiche Möglichkeiten, die *Weisheitshüter* für eine tiefere Erkundung der *Genschlüssel* und Deiner einzigartigen Reise oder Deines „Profils" zu nutzen, das auf den Geburtsdaten basiert. Der *Golden Path* besteht aus drei Teilstücken, den so genannten Sequenzen. Die erste ist die *Activation Sequence*, die *Lebensarbeit, Evolution, Strahlen* und *Aufgabe* umfasst. In der nachfolgenden *Venus Sequence* geht es vor allem um Liebe, Beziehungen und Deine Entwicklung in den ersten 21 Jahren Deines Lebens. Die abschließende *Pearl Sequence* beleuchtet Dein Verhältnis zu Wohlstand und Fülle und zeigt auf, wie Deine erfüllendste Rolle in der Welt aussieht und welchen Beitrag Du leisten kannst. (Ich bin mir sicher, dass noch weitere Sequenzen folgen werden!)

(Für alle der oben genannten Sequenzen sind Weisheitshüter-Legungen möglich.)

WEITERFÜHRENDE RESSOURCEN

Zur weiteren Beschäftigung mit den **Genschlüsseln**:

GeneKeys.com

Onedoorland.com/genekeys

Weitere Informationen über **Rosy Aronsons Arbeit** als Künstlerin, Autorin, Aktivistin und Lehrerin:

WisdomKeepers.net

HINWEIS ZUM FARBCODE

Wie Du vielleicht bemerkt hast, weist der untere Balken der *Weisheitshüter* eine bestimmte Farbe auf, die bei einigen Karten gleich ist. Dies ist Absicht, denn sie gehören zur gleichen Seelengruppe beziehungsweise dem, was Richard Rudd als die *21 Codon-Ringe* bezeichnet. In der nachfolgenden Auflistung wird deutlich, welche *Weisheitshüter* zum gleichen Codon-Ring oder der gleichen Seelenfamilie gehören. Nähere Informationen finden sich im Buch *Die 64 Genschlüssel* von Richard Rudd.

- Der Ring des Feuers (1, 14)
- Der Ring des Wassers (2, 8)
- Der Ring vom Leben und Tod (3, 20, 23, 24, 27, 42)
- Der Ring der Vereinigung (4, 7, 29, 59)

- Der Ring des Lichts (5, 9, 11, 26)
- Der Ring der Alchemie (6, 40, 47, 64)
- Der Ring der Menschlichkeit (10, 17, 21, 25, 38, 51)
- Der Ring der Prüfungen (12, 33, 56)
- Der Ring der Katharsis (13, 30)
- Der Ring des Suchens (15, 39, 52, 53, 54, 58)
- Der Ring des Wohlstandes (16, 45)
- Der Ring der Materie (18, 46, 48, 57)
- Der Ring der Gaia (19, 60, 61)
- Der Ring der Illusion (28, 32)
- Der Ring ohne Wiederkehr (31, 62)
- Der Ring des Schicksals (34, 43)
- Der Ring der Wunder (35)
- Der Ring der Göttlichkeit (22, 36, 37, 63)
- Der Ring des Ursprungs (41)
- Der Ring des Illuminati (44, 50)
- Der Ring des Wirbelwinds (49, 55)

ABSCHLUSSWORT

Ich hoffe, dass dieser *Wegweiser* Dich zur Arbeit mit den *Weisheitshütern* inspiriert. Vor allem aber hoffe ich, dass Du in den nächsten Jahren immer wieder Zeit mit ihnen verbringen wirst. Schau in ihre Augen und lass Dich von ihrem Blick berühren. Öffne Dein Herz weit. Mögest Du im Kontakt mit ihnen erkennen, dass Du der *Weisheitshüter* bzw. die *Weisheitshüterin* bist, nach dem/der Du suchst… und es schon immer warst.

EIN BESONDERER DANK

Mein besonderer Dank gilt an dieser Stelle Ann Cameron von AC Creative, die eingesprungen ist, als ich am nötigsten Unterstützung brauchte. Sie hat die Taschenbuchausgabe des **Wegweisers zu den Weisheitshütern** liebevoll in Form gebracht und viel Zeit, Können, Weisheit, Ausdauer und Energie in dieses Herzensprojekt gesteckt. Sie war meine Kreativpartnerin und der Motor hinter **64faces.org**. Sie ist Lektorin, spiritueller Coach, geniale Verlegerin, Marketing- und PR-Crack, intuitive Beraterin und talentierte Autorin. Sie bot ihre freiwillige Hilfe an, obwohl sie die Zeit hätte nutzen können, um an einem ihrer vielen kommenden Bestseller zu arbeiten. Sie tat dies aus ihrer Herzensgüte heraus und dem unerschütterlichen Glauben an die transformative Kraft der **64 Gesichter des Erwachens**. Einige Menschen sind bereit, sich über das unmittelbar Notwendige hinaus zu engagieren. Ann ist so ein Mensch, und ihr gilt mein tief empfundener Dank!

WWW.AC-CREATIV.COM

ÜBER DIE AUTORIN/KÜNSTLERIN

Dr. Rosy Aronson ist Künstlerin, Autorin und Blossoming Guide mit einem Master-Abschluss in *Expressive Arts Therapy* und einem Doktortitel in *Intuitive Listening & Creative Arts*. Neben diesem Wegweiser ist sie Schöpferin von **64 Faces of Awakening. The Wisdom Keepers Oracle Deck** und **The 64 Faces of Awakening Coloring Book**. Bei beiden geht es um grundlegende heilsame Archetypen, die unserem Universum zugrunde liegen. Außerdem ist Rosy Aronson Autorin der Bücher **Designed to Blossom Foundational Course and Creative Workbook**, **Designed to Blossom Resource Book**, **Walking a Fine Line: How to be a Professional Wisdom Keeper in the Healing Arts** und **A Tale of Serendipity**. Ihr tiefster Wunsch ist, Menschen Hilfsmittel an die Hand zu geben, damit sie ihre Gaben leben und zu ihrem authentischen Selbst erblühen.

Als passionierte Befähigerin, Stressabbauerin und Erforscherin des Unbekannten glaubt Rosy daran, dass wir hier sind, um zu erblühen. Je stärker wir unserer wahren Natur vertrauen, sie ehren und zum Ausdruck bringen, umso mehr Magie können wir gemeinsam erschaffen. Rosys Vision ist, dass die **64 Gesichter des Erwachens** im Laufe der Zeit Einzug halten in das Heim vieler Menschen ebenso wie in Gemeindezentren, öffentliche Gebäude, Meditationszentren, Yoga-Studios und Schulen, damit eine zunehmende Anzahl an Menschen von der wärmenden Präsenz und dem Mitgefühl dieser Wesen profitieren kann.